JN309206

学校図書館図解・演習シリーズ3

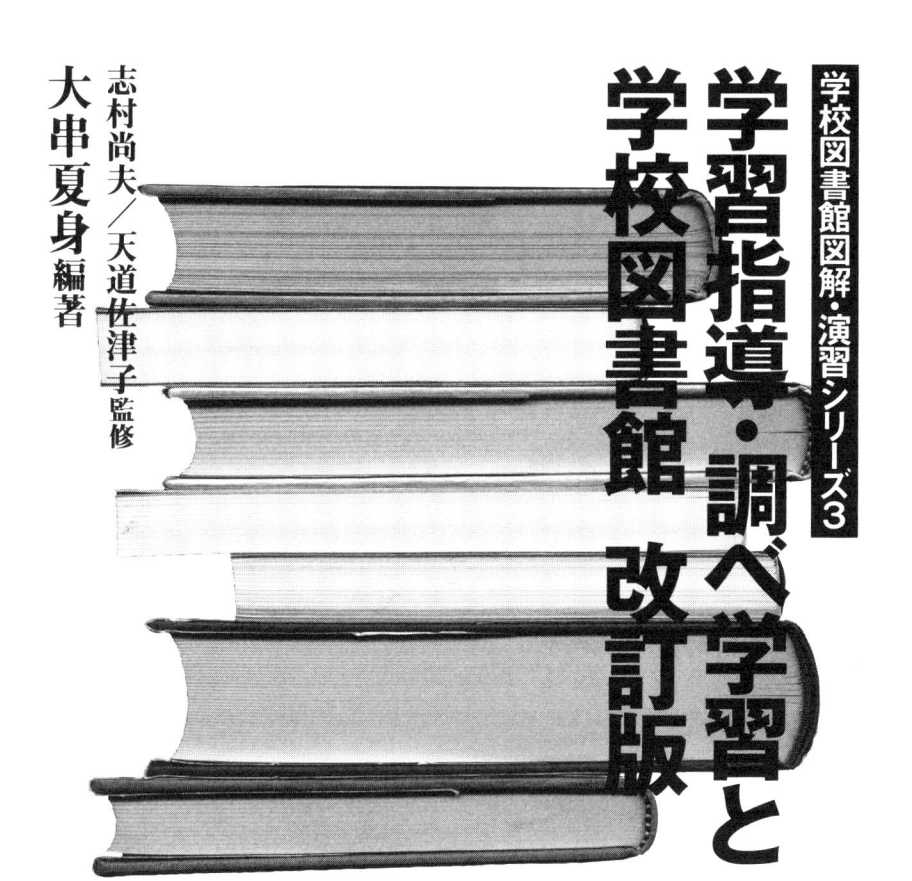

学習指導・調べ学習と学校図書館 改訂版

志村尚夫／天道佐津子 監修
大串夏身 編著

青弓社

学習指導・調べ学習と学校図書館　改訂版
●目次

【執筆分担】
第1章　天道佐津子
第2章　足立正治
第3章　小山響子
第4章　小山響子
第5章　金沢みどり
第6章　大串夏身／池田美千絵
第7章　足立正治
第8章　上瀧栄治／藤森馨
第9章　小川哲男／北原俊一／
　　　　山田万紀恵

監修者のことば──シリーズ刊行にあたって ─────────── 8
序文 ──────────────────────────────── 9

第1章　教育課程と学校図書館 ─────────────── 11
1-1　学校教育と学校図書館 ──────────────── 11
　1-1-1　学校図書館の機能 ─────────────── 11
　1-1-2　これまでの教育と学校図書館 ─────────── 12
　1-1-3　これからの教育と学校図書館 ─────────── 13
1-2　これからの社会と自学能力 ───────────── 14
　1-2-1　変化する社会に対応する教育 ─────────── 14
　1-2-2　情報化時代に対応する教育 ───────────── 15
　1-2-3　国際化時代に対応する教育 ───────────── 16
1-3　主体的な学習を支える学校図書館 ────────── 20
　1-3-1　教授方法の改善と学校図書館の活用 ──────── 20
　1-3-2　教科学習と学校図書館 ─────────────── 21
　1-3-3　総合的な学習と学校図書館 ───────────── 22
1-4　教育課程の編成・展開に参画する学校図書館 ──── 22
　1-4-1　人としての力を育てる教育 ───────────── 22
　1-4-2　主体的な学習の推進 ─────────────── 23
　1-4-3　教育課程の編成・展開と学校図書館 ──────── 23

第2章　メディア活用能力育成とその方法 ──────── 26
2-1　メディア活用能力育成の意義と目的 ────────── 26
2-2　メディア活用能力の指導内容 ─────────── 28
　2-2-1　課題解決のプロセス ─────────────── 28
　2-2-2　メディア活用を支える基本的能力 ─────────── 28
　2-2-3　メディアの使用法 ────────────────── 30
　2-2-4　情報の探し方 ─────────────────── 30
　2-2-5　情報のまとめ方 ─────────────────── 31
　2-2-6　「資料・情報を活用する学び方の指導」 ───────── 31
2-3　メディア活用能力育成の方法 ──────────── 35
　2-3-1　特設授業方式 ─────────────────── 35
　2-3-2　融合授業方式 ─────────────────── 36
　2-3-3　個別指導方式 ─────────────────── 37
　2-3-4　メディア活用能力育成指導における司書教諭の役割 ── 37
2-4　メディア活用能力育成の計画と評価 ────────── 38

		2-4-1 メディア活用能力育成計画立案の基本原則 ——— 39
		2-4-2 計画作成の手順と留意点 ——— 40
		2-4-3 メディア活用能力育成指導の評価 ——— 44

第3章 レファレンスサービスと情報サービス ——— 46

- 3-1 図書館における情報サービスとは何か ——— 46
- 3-2 学校図書館の情報サービスの特徴と対象 ——— 46
- 3-3 学校図書館の情報サービスの種類と実際 ——— 47
  - 3-3-1 レファレンスサービスの流れ ——— 48
  - 3-3-2 学校図書館でのレファレンスサービス ——— 53
- 3-4 読書相談 ——— 56
- 3-5 展示 ——— 56
- 3-6 そのほかの情報サービス ——— 57

第4章 レファレンスブックの利用 ——— 59

- 4-1 レファレンスブックとは何か ——— 59
  - 4-1-1 レファレンスブックの機能 ——— 59
  - 4-1-2 レファレンスブックの構造 ——— 60
- 4-2 レファレンスブックの種類と特徴とその活用 ——— 62
  - 4-2-1 百科事典 ——— 62
  - 4-2-2 図鑑 ——— 64
  - 4-2-3 ことばの辞典 ——— 65
  - 4-2-4 人名辞典、地理辞典、地図など ——— 65
  - 4-2-5 指導者のための便利なツール ——— 66
- 4-3 オリジナルレファレンスツールの作成 ——— 67
  - 4-3-1 児童・生徒の作品 ——— 67
  - 4-3-2 新聞や雑誌の切り抜き ——— 68
  - 4-3-3 ブックリスト ——— 68
  - 4-3-4 パスファインダー ——— 69

第5章 情報サービスの新しい展開 ——— 72

- 5-1 情報サービスの意義 ——— 72
- 5-2 データベースやインターネットを利用した情報検索 ——— 73

	5-3	レフェラルサービス	80
	5-4	学校図書館のホームページ活用による利用者への情報提供	81

第6章 インターネット情報源の利用（活用） — 85

- 6-1 印刷資料とインターネット情報源 — 85
- 6-2 インターネット情報源の検索 — 85
  - 6-2-1 インターネット上のページの検索方法 — 85
  - 6-2-2 総合的なサーチエンジンで検索できない情報 — 86
  - 6-2-3 インターネット情報源を検索・探索する方法 — 86
- 6-3 目的別データベースの検索 — 89
  - 6-3-1 書籍・雑誌論文・新聞記事の検索 — 89
  - 6-3-2 児童図書の検索 — 90
  - 6-3-3 辞典・事典・図鑑など事実を調べる情報源 — 91

第7章 情報の利用とまとめ方 — 97

- 7-1 課題探求のプロセス — 97
- 7-2 テーマの決め方 — 98
- 7-3 情報の探し方 — 103
  - 7-3-1 情報探索の計画を立てる — 103
  - 7-3-2 情報源を選ぶ — 103
- 7-4 情報の記録と保存の仕方 — 108
- 7-5 情報のまとめ方と発表の仕方 — 110
  - 7-5-1 さまざまなまとめ方 — 110
  - 7-5-2 集めた情報をもとに自分の考えをまとめる — 111
  - 7-5-3 レポートの書き方 — 111
  - 7-5-4 口頭発表の仕方 — 114
  - 7-5-5 成果の保存と活用 — 116
- 7-6 課題探求活動の評価 — 116

第8章 調べ学習の事例 ── 国語科・社会科 — 118

- 8-1 国語科 — 118
  - 8-1-1 調べ学習から始める『高瀬舟』の授業、序説 — 118
  - 8-1-2 第1、2段落の授業展開 — 122

	8-1-3 第3段落の授業展開	124
	8-1-4 第4段落の授業展開	127
	8-1-5 まとめ	134
8-2	**社会科**	**134**
	8-2-1 年中行事や地域を調べる意義	134
	8-2-2 年中行事を調べる	135
	8-2-3 地域の埋れた城から天下の趨勢(すうせい)を見る	142

第9章 調べ学習の事例——理科・総合的な学習の時間 — 153

9-1 理科学習をサポートする学校図書館の具体的な活用 — 153
 9-1-1 学校図書館の配置と図書資料活用モデル — 153
 9-1-2 理科学習の興味・関心や疑問を育てる学校図書館活用 — 156
 9-1-3 理科学習の問題をもたせる学校図書館活用 — 158
 9-1-4 理科学習の追究・解決を支える学校図書館活用 — 159
 9-1-5 理科学習の整理・まとめを進める学校図書館活用 — 161
 9-1-6 まとめ — 163

9-2 理科 — 163
 9-2-1 地球の環境（小学生向き） — 163
 9-2-2 太陽（中学生向き） — 169
 9-2-3 銀河宇宙（高校生向き） — 172
 9-2-4 まとめ — 178

9-3 総合的な学習の時間 — 178
 9-3-1 学校と学校図書館の概要 — 179
 9-3-2 総合的な学習の時間への取り組み — 179
 9-3-3 「くすのきタイム」の年間計画と学校図書館 — 182
 9-3-4 「くすのきタイム」の学習課程と学校図書館のかかわり — 184
 9-3-5 総合的な学習の時間に役立つ資料の選択と収集・整備 — 185
 9-3-6 公共図書館との連携 — 186
 9-3-7 まとめ — 187

索引 — 189

監修者のことば──シリーズ刊行にあたって

　学校図書館法の一部が1997年6月に改正され、2003年4月以降、12学級以上の小・中・高校に司書教諭の配置が義務づけられた。いま、学校教育のなかで学校図書館の果たすべき役割に対して、大きな期待が寄せられている。情報化社会の到来がいわれているが、そのような社会で学校教育に求められるのは、「自分で問題を発見する力」「自分で問題を調べて解決する力」の育成である。その実現には学校図書館の活用が不可欠であり、また、心のオアシスとしての学校図書館の役割も重要である。

　このような学校図書館の経営で中核を担う司書教諭の養成については、1998年にカリキュラムが改正・拡充され、5科目10単位の修得が課せられた。その後、数カ年を経過するなかで、講義・演習の成果や問題点も明確になってきたため、われわれは司書教諭養成のためのテキストをここに新たに刊行することにした。

　今回、青弓社から上梓することになった「学校図書館図解・演習シリーズ」は、図解やイラスト・図表などを多く載せて、理論と演習を兼ね備えたわかりやすいものをめざしたものである。各巻のそれぞれの章は気鋭の先生方にお願いして、具体例を多くあげ、かつ図解などを取り入れるようにした。また、全巻を横断するシステムとして、「図解・イラスト対策小委員会」を設置し、図の表現や編集に特色を出すようにした。

　このシリーズが、新しい時代の学校図書館の実現および司書教諭の養成に資することができれば幸いである。

　最後に青弓社の矢野恵二氏、担当の加藤泰朗氏の出版のご努力に心から感謝し、ここに監修者のことばとしたい。

2003年10月　　　　　　　　　　　　　　　　　　　　　志村尚夫／天道佐津子

序文

　本書は、司書教諭の講習のテキストとして編集されたものである。本書が取り扱う「学習指導と学校図書館」は、学習指導における学校図書館メディアの活用の視点と具体的な活用方法を取り扱うことを目的とした科目である。
　本書では、理論と実践との関係を考慮し、全体の構成に3つのポイントをもたせた。すなわち、第1章、第2章では、学習指導における学校図書館メディアの活用にかかわる理論をまず展開し、それに基づき活用方法の基本について、第3章から第7章で解説した。さらに、第8章以下では国語、社会、理科の教科内容に即した調べ学習および総合的な学習の時間での具体的な活用方法を展開した。
　本書がもっぱら対象とする司書教諭をめざす学生にとっては、司書教諭養成課程の講義はやや抽象的で、具体的なイメージがわかない、したがってモチベーションが高まらないとうらみがある。しかしそれは、具体的な教科教育の体験がないために、学校図書館メディアの活用方法についてのイメージがわかないことに起因している。本書は、そうした点を考慮して、実践としての教科に即した活用事例を取り上げて、考察した。
　教育においては、つねに理論と実践が密接な関係をもって展開されている。理論と実践をつなぐものは、一般的なスキルあるいは経験が普遍化された考察である。本書では、第3章から第7章で、一般的なスキルと経験を普遍化した考察を置き、それらを学んでメディア活用の基礎をかたちづくり、そのうえで実践に学ぶことができるようにした。
　本書は、そうした意味で、日々実践している司書教諭の方々の仕事にも役立てていただけるものである。
　最後に、執筆者各位に感謝の念を捧げると同時に、監修者としてご指導いただいた志村尚夫先生、またご執筆いただいた天道佐津子先生、本書の編集に尽力された青弓社の方々に心からお礼申し上げる。

　　　　　　　　　　　　　　　　　　　　　　　　　　　　大串夏身

第1章　教育課程と学校図書館

1-1　学校教育と学校図書館

1-1-1　学校図書館の機能

　学校図書館は法律に基づいて設置されている。学校教育法施行規則第1条には、図書館または図書室を設けなければならないとあり、学校図書館法第1条および第3条には、学校図書館が学校教育において欠くことのできない設備であること、学校には学校図書館を設けなければならないことが書いてある。

　学校図書館法第2条では、学校図書館のメディアは図書だけでなく多様なメディアにわたること、利用者は、児童・生徒と教員であること、学校図書館の目的は教育課程の展開と、児童・生徒の教養の育成に役立つことと記されている。1953年制定の同法では、教育課程の展開すなわち「学習」が目的として最初にあげられていることに注目したい。学校図書館がほかの図書館と根本的に異なる点はここにある。どの図書館も設置母体の目的を実現するために設けられているが、学校図書館も学校の教育目標実現のために設けられている。学校図書館は、学校の教育目標を達成するために教育課程の展開のなかで利用されることで機能を発揮し、児童・生徒の興味・関心を喚起し、教養を育成する機能を発揮することが求められている。

表1-1　学校図書館法

第1条	この法律は、学校図書館が、学校教育において欠くことのできない基礎的な設備であることにかんがみ、その健全な発達を図り、もって学校教育を充実することを目的とする。
第2条	この法律において『学校図書館』とは、小学校、中学校、高等学校において、図書、視覚聴覚教育の資料その他学校教育に必要な資料を収集し、整理し、及び保存し、これを児童又は生徒及び教員の利用に供することによって、学校の教育課程の展開に寄与するとともに、児童又は生徒の健全な教養を育成することを目的として設けられる学校の設備をいう。
第3条	学校には、学校図書館を設けなければならない。

1-1-2　これまでの教育と学校図書館

　学校教育は、古くは貴族や権力者などのための存在だったが、産業革命以降の社会構造の変化によって、すべての人が教育を受けることを必要とするようになり、学校教育は一般化した。現在では、教育はたんに生産や労働のためだけでなく、人が人として生きるために欠くことのできないものであり、教育を受けることは人としての基本的な権利であるとの考え方をもとに学校教育制度が広く成立している。

　日本の教育を振り返ると、江戸時代には武士のための藩校、庶民のための寺子屋があったが、国としての学校教育制度は1872年の学制公布によって成立した。ここではじめて、身分や男女を問わず、各人が身を立てるために学問をすべきことが定められた。その後は、国力を強くするための教育という色が濃厚になり、教科書にあることを理解し、記憶し、そこにある価値観と自己の価値観を同一化することが奨励された。この時代、児童・生徒が自分で利用できる教育メディアは国定教科書にほぼ限られ、教師が授業で利用できるほかのメディアは掛け地図程度だった。児童・生徒が教科書以外のメディアを利用して自分で学ぶ学習は想定されてなく、したがって学習に学校図書館を利用することなどは考えられなかった。図書室をもつ学校もあったが、多くは余暇読書のためのものだった(2)。

　日本の学校教育が大きく変貌するのは第二次世界大戦後である。戦後日本の諸制度整備のために、アメリカから多くの勧告・指導がおこなわれたが、教育は1946年の「第一次教育使節団報告書」によって方向づけられた。学校図書館の重要性はこのなかで指摘されている。翌47年、教育基本法と学校教育法が制定され、学校教育法施行規則に学校図書館の設置義務が明記された。こののち、全国で学校図書館設置が進められ、当時の文部省は、48年に『学校図書館の手引き』を発行した。50年に「第二次米国教育使節団報告書」が発表されて、学校図書館は学校の心臓部となるべきことが強調された。

　1953年、100万人の署名をもとに学校図書館法が成立した(3)。全国の学校図書館の整備は進みはじめたが、教育課程の展開に寄与するという本来の機能を生かす実践は広がらなかった。学校図書館の整備が不十分だったこと、新しい授業の進め方について教師たちに十分な研修の機会がなかったことが要因だった。

　1958年の学習指導要領告示後、日本の教育政策は転換した。教科書のもつ拘束力が強化され、産業を支える人材の育成が効率的に進展するように、知識伝

達型教育の強化へと転換されたのである。課題を研究したり、メディアを活用したりする教育が学校現場に定着しないうちに、学校図書館活動の中心は教育課程の展開に寄与することよりも、余暇読書へと移っていった。

1-1-3　これからの教育と学校図書館

　このあとの日本の教育は、経済や産業の繁栄を実現するための人材育成を重視して展開する。その結果、高度経済成長が実現したが、経済が破綻し社会の情報化が進展する1990年代には、知識伝達型の一斉教育の問題点も顕在化してきた。知識の陳腐化は急速で、学校教育を終えたあとにも、新たな知識を吸収しつづけることが誰にも必要になったのである。急激な社会の変化に主体的に対応するためには、自ら学びつづけること、情報を主体的に活用できることなどが誰にも欠かせない社会となったのである。新たな教育が求められる時代になって、学校図書館の役割がふたたび注目されるようになった。

　1996年、第15期中央教育審議会の第一次答申「21世紀を展望した我が国の教育の在り方について」(4)には、高度情報通信ネットワーク社会における学校図書館と司書教諭の役割が述べられている。2002年度（高校では03年度）から実施されている学習指導要領(5)には、学校図書館を計画的に利用して学習活動や読書活動を充実させることが述べてあり、資料に基づいて調べさせたり、課題について研究させることも多く書かれている。2008年3月告示の小学校と中学校の学習指導要領（高等学校学習指導要領の告示は09年3月）でもこの方向は示されており、新たに言語力の充実が強調されている。児童・生徒が資料を利用して学ぶためには、学校図書館にメディアとその利用システムが整備されていることが前提になるが、国は小・中学校図書館のメディア状況改善のために、93年から「学校図書館図書整備新5か年計画」、02年からの「学校図書館図書整備5か年計画」、07年からの「新学校図書館図書整備5か年計画」などを実施している。

　2001年には子どもの読書活動の推進に関する法律、05年には文字・活字文化振興法が制定され、国として読書や文字を重視することが示されている。10年を「国民読書年」とすることも国会で決められていることなどから、学校図書館に関係するさまざまな活動の広がりも期待される。

　情報化時代を主体的に生きるために必要なメディア・情報活用能力は、生涯学習の基礎となるものであり、それは学校図書館を学習のなかで活用すること

によって育てることができる。学校図書館の充実と司書教諭の養成が急がれているのは、新しい教育を支えるシステムとしての学校図書館、システム構築の中心を担う司書教諭への期待からである。学校図書館への期待は、「授業が変わる、学校が変わる」ことに対する期待といえる。

学習指導要領と学校図書館

学習指導要領は課題研究や調べる学習を奨励している。研究・調査は学校のメディアセンターである学校図書館において展開されると想定されているようである。

課題研究を実施するには、学校図書館に多種多様なメディアが準備されていなくてはならない。みんなが同じものを利用するのでは教科書を学ぶのと同じことになるので、異なる観点で書かれたり製作されたメディアを多く準備したい。

学習指導要領には「客観的」かつ「公正」な資料を利用させて課題に取り組ませるようにとの文言があるが、多様なメディアを評価しつつ利用するなかで、子どもたち自身が「公正」「客観的」なものを発見できるようにしたい。限られたものだけを準備しておいて、これが「公正」「客観的」であると押し付けるのでは調べる学習の目的は達せられない。

学校図書館はさまざまなメディアを準備しておき、利用者が必要なものを選べるようにすることが重要なのである。

1-2 これからの社会と自学能力

1-2-1 変化する社会に対応する教育

いまの社会は、大きな変化が連続する社会である。かつて長い年月をかけて起きた変化が、いまは短時間に起こる。このような社会で主体的に生きようとするとき必要なのは、状況を冷静に批判的に受け止め、自分自身で判断し、意思を決定し、行動を決定できる力である。どのような変化が起きようとも、自分で情報を集め、調べ、判断し、自分で決める力があれば、状況に流されるのでなく、主体的に生きていくことができる。変化する社会で重要なのは、自学能力・自己教育力である。

教育には、内容にも手法にも時代に関係なく不変のものもあり、時代とともに変化が求められる部分もある。「読み・書き・そろばん」は不変の内容の代表であり、その習得にしばしば使われる反復練習も不変の手法といえる。しかし、

教育には時代の要求に応えることも重要である。子どもが身につけるべき学力についてはさまざまな意見があるが、学力をどのようにとらえようとも、変化する社会では生涯学習が必要であることははっきりしている。情報化社会到来以前にも学びつづける人はいたが、これからの社会では、どのような人にも学びつづけることが求められる。社会を構成する人として積極的に生き、誰かの意思や都合で動かされるのでなく主体的に判断して生きるためには、生涯学習を考えなくてはならない。学校教育には、生涯学びつづけられる力を育てる責任がある。学校教育の終わりは教育の終わりでなく、教師のいる学習の段階から教師のいない学習の段階に移ること、と受け止めるべきだろう。

1-2-2 情報化時代に対応する教育

　情報化社会では、かつて人間がしていたことの多くを機械がするようになった。そこであらためて注目されたのは、機械にはできないこと、人間にしかできないことである。それは1人ひとりが自由に発想し、感じ、考え、創造することである。「みんなが正確に速く同じことができる」ことよりも、「それぞれが違うことを考え、違うことができる」ことのほうが重要と考えるのである。多様性こそが人間らしさであり、社会の豊かさであり、社会を変えていく原動力であると考えるのである。そこで、1人ひとりの興味、関心、疑問、感性、思想、能力を大切にし、それを育てる教育が求められるようになってきた。

　現代の社会生活はメディアのなかで営まれている。子どもたちも同じ状況を生きている。自分で自分の意見をつくろうとするとき、メディアは大きな役割を果たすが、さまざまな問題も含んでいる。メディアの巨大化によって、多様な考え方よりも大きな流れだけが重視される傾向、人間の尊厳よりも商業主義や興味中心の傾向が強くなってきている。社会経験が少ない子どもたちに与えるメディアの影響は大きく、いまメディアは子どもたちの生活感覚を薄れさせ、現実と非現実、メディアの世界と自分の生活との境界をあいまいにさせている。メディアが伝える情報を冷静に評価しながら受け止めることができるかどうかは、子どもたちの判断力形成や人間形成と深く関係する。

　それゆえに、メディア活用法の指導は重要である。メディアはどのように成立しているか、特性は何か、どのように利用するといいか、何に注意すべきか、などの指導である。高度情報社会で主体的に生きるには、自分の要求に合わせて情報を利用し、自分の情報を正しく創造し、他者に向けて送り出すことが求

められる。

　メディアセンターである学校図書館を利用して、メディアを使いこなすことができるような教育をおこなうことで、子どもたちは生涯にわたって役立つ情報やメディア活用力の基礎を身につけることができる。情報・メディアを活用する学習は、教科書という単一の情報源から情報を受け取るのと違って、子ども自身が情報を比較・評価し、選択し、納得あるいは批判しながら知識を取り入れ、自分の意見や態度を決めるという学習である。このような力は、主体的に社会に参加する生き方のための重要な力であり、このような教育には学校図書館の活用が不可欠となる。小・中・高校を通じて学習指導要領も情報教育を強調し、高校で「情報」が必修教科として設けられていることもその表れといえる。

　学校教育は効率のいい教育システムである。しかし、発達段階や年齢の似た子どもたちを集団にまとめて教える一斉教育は、効率的だが1人ひとりの違いに対応することが困難で、画一的になりがちという弱点もある。課題解決型の学習を取り入れて教授方法の改善を考える必要があろう。

1-2-3　国際化時代に対応する教育

　現代は国際化の時代である。国際ニュースと国内ニュースは分けては考えがたく、産業の世界でも消費の世界でも国際的な境界はあいまいになり、一方で摩擦の可能性は増大している。地域に密着していて国際化とは縁遠いと考えられてきた農業・漁業でさえ、いまや国際競争のただなかにある。世界規模の活動が展開されると、国境の意味はさらに薄れ、人びとの国際的な移動や接触は激しくなり、摩擦もまた起こりやすくなる可能性がある。このなかで互いに平和に暮らすには、他国のことを知り、互いの立場を尊重しあい、自分の立場も適正に主張することが必要になり、他者と伝え合うコミュニケーション能力がいっそう重要になる。国際化社会で必要なこの能力の育成をこれまでの日本の教育は重視してこなかったが、課題解決学習を取り入れることなどによって自分で調べて学んだことを相手に伝える力を育てることは、今後いっそう重要な教育目的になると予想される。

　ここで、OECDが2000年におこなった15歳の生徒の国際的な学習到達度調査（PISA）[6]にふれておきたい。00年の読解力中心の調査で重視されているのは記憶している知識の量ではなく、素材を読んで合理的な根拠によって判断できるか、

PISA　読解力調査における解答の状況

表1-2　インフルエンザに関する問1の結果　　　　　　　　　　　　　　　　　　（単位：％）

国　名	反　応　率					正　答　率		
	A	B	C	D	無答	全体	女子	男子
日本	2.5	85.8	2.0	8.7	1.0	85.8	91.2	80.1
オーストラリア	5.9	77.8	2.0	13.3	1.1	77.8	82.9	73.5
カナダ	6.8	77.1	2.1	13.4	0.7	77.1	81.6	72.8
フィンランド	3.2	71.8	0.4	16.3	8.4	71.8	84.7	59.0
フランス	3.0	70.7	0.9	19.8	5.5	70.7	77.5	63.6
ドイツ	2.5	71.9	1.7	17.4	6.4	71.9	74.9	69.0
アイルランド	9.8	76.5	0.2	13.3	0.2	76.5	84.1	69.7
イタリア	7.5	70.4	1.4	15.0	5.7	70.4	78.7	62.2
韓国	11.6	71.7	2.8	11.5	2.4	71.7	75.2	68.9
ニュージーランド	10.1	73.5	2.2	13.7	0.5	73.5	82.7	65.4
イギリス	9.5	74.7	1.3	13.6	0.9	74.7	80.2	68.7
アメリカ	7.3	69.7	5.6	15.8	1.6	69.7	73.8	65.7
OECD平均	6.5	70.7	2.4	16.7	3.7	70.7	76.5	65.0

（注）正答率は、正答Bに解答した生徒の割合である。

問1の正答はBであり、結果は「問1の結果」に示した。
問1は、実用的な文章の内容を正確に理解して情報を取り出すことを求める問題である。
OECD加盟国の平均正答率が71％であるのに対して、わが国の平均正答率は86％と15％高い。日本は12カ国のなかでは最高である。

表1-3　インフルエンザに関する問2の結果　　　　　　　　　　　　　　　　　　（単位：％）

国　名	反　応　率				正　答　率		
	完全正答	部分正答	誤答	無答	全体	女子	男子
日本	41.6	5.0	11.6	41.9	44.1	49.8	38.1
オーストラリア	54.4	9.7	23.2	12.7	59.3	68.1	51.8
カナダ	48.3	14.7	24.2	12.9	55.6	63.8	47.5
フィンランド	39.1	15.3	31.8	13.8	46.8	59.8	33.8
フランス	30.6	26.2	13.4	29.8	43.7	52.1	35.2
ドイツ	47.1	9.8	20.3	22.8	52.0	58.7	45.1
アイルランド	53.1	12.9	23.5	10.6	59.5	70.0	49.1
イタリア	35.5	7.8	28.9	27.7	39.4	50.6	28.4
韓国	31.2	20.7	24.9	23.2	41.6	45.0	39.0
ニュージーランド	46.5	10.5	29.9	13.1	51.7	63.7	41.3
イギリス	65.7	7.3	15.4	11.5	69.4	77.0	60.8
アメリカ	31.8	13.9	41.0	13.4	38.8	45.2	32.5
OECD平均	38.0	13.7	26.7	21.6	44.9	52.8	37.2

（注）正答率は、完全正答した生徒の割合に部分正答の生徒の割合を0.5倍して加えたものである。

問2は実用的な文章の文体などに正確に言及しながら、明確な根拠に基づいて自分の意見を論じることが求められている。
OECD加盟国の平均正答率が45％であるのに対し、わが国の平均正答率はほぼ同じ44％である。

表1-4　新しいルールに関する問2の結果　　　　　　　　　　　　　　　（単位:％）

国　名	反応率				正答率		
	完全正答	部分正答	誤答	無答	全体	女子	男子
日本	4.6	19.8	27.9	47.7	24.4	28.4	20.2
オーストラリア	3.9	23.1	44.9	28.1	27.0	34.4	20.4
カナダ	5.6	24.7	45.5	24.2	30.3	36.0	24.9
フィンランド	3.9	24.4	43.6	28.0	28.3	35.5	20.8
フランス	20.2	15.4	24.8	39.6	35.6	41.6	29.4
ドイツ	7.1	14.8	33.1	44.9	21.9	24.7	19.2
アイルランド	5.8	26.9	40.4	26.9	32.7	38.5	27.3
イタリア	7.0	25.3	24.6	43.1	32.3	40.8	24.7
韓国	9.5	27.1	50.7	12.7	36.6	39.2	34.5
ニュージーランド	3.5	22.0	48.6	25.9	25.5	31.3	19.9
イギリス	3.0	17.5	43.6	36.0	20.5	24.9	15.3
アメリカ	2.9	19.1	57.7	20.3	22.0	28.2	15.5
OECD平均	6.3	19.0	39.0	35.8	25.3	30.1	20.4

（注）正答率は、完全正答および部分正答した生徒を合わせた割合である。

判断の根拠を説明できるかということである。読解力調査では、日本は8位という結果が出たが、調査結果で日本の生徒に目立ったのは、「判断」「意見」を求める問題に対して、解答しない者がほかの国と比較して多かったことである。

　表1-2は、インフルエンザ予防接種のお知らせの掲示を素材にして、掲示に書かれている内容は何かについての選択肢を与えたときの解答の状況である。正しく答えたものが多い。

　表1-3は、同じ掲示について、その内容やそれを伝える方法が掲示作成者の意図に沿っているか、ねらいどおりにうまく書けているかどうかを判断させて、次にその判断理由を詳しく（レイアウト・文体・イラストにもふれて）答えさせる問題である。表1-2では多くのものが正答しているのに対して、表1-3では、40％を超えるものが無答である。

　表1-4は、冷凍受精の技術が進歩しているなかで、法的・倫理的に新たなルールが求められているという文章を素材にして、新たなルールが求められている理由を文中から指摘せよという問題の解答状況である。無答のものは47.7％という高率になっている。自分の判断や意見を他者に説明できることは、社会に積極的に参加するための重要な能力であり、メディア活用力育成がめざしているものにほかならない。

　表1-5と表1-6は、同時におこなわれた学習の背景の調査結果である。日本の

PISA 学習の背景の調査における読書の状況

表1-5 趣味としての読書

問24. あなたは、毎日、趣味として読書をどのくらいしますか。あてはまる番号に一つ○をつけてください。

国　名	割合					総合読解力得点				
	趣味で読書することはない	毎日30分未満	毎日30分以上1時間未満	毎日1時間以上2時間未満	毎日2時間以上	趣味で読書することはない	毎日30分未満	毎日30分以上1時間未満	毎日1時間以上2時間未満	毎日2時間以上
日本	55.0	17.8	15.4	8.2	3.5	514	539	537	541	530
イギリス	29.1	35.7	22.9	9.4	2.9	485	533	559	556	528
フランス	30.0	27.5	28.6	10.6	3.4	472	519	533	539	514
アメリカ	40.7	31.2	16.2	8.1	3.9	479	530	531	539	511
韓国	30.6	29.6	21.9	12.0	6.0	503	529	536	544	539
フィンランド	22.4	29.1	26.3	18.2	4.1	498	542	568	577	584
アイルランド	33.4	30.9	20.4	11.6	3.8	491	536	558	556	541
オーストラリア	33.1	30.5	20.5	11.8	4.1	484	537	564	575	558
イタリア	30.7	30.2	22.5	13.0	3.7	461	498	509	502	509
カナダ	32.7	33.7	20.4	9.6	3.6	498	544	564	575	550
ドイツ	41.6	27.0	18.0	8.8	4.6	459	518	532	543	501
ニュージーランド	29.9	36.6	19.4	10.4	3.7	494	544	563	570	553
OECD平均	31.7	30.9	22.2	11.1	4.2	474	513	527	526	506

表1-6 読書活動（2）

問25. 読書について、次のようなことは、あなたはどのくらいあてはまりますか。それぞれについてあてはまる番号に一つ○をつけてください。

(2) 読書は大好きな趣味の一つだ

国　名	割合					総合読解力得点				
	まったくあてはまらない	どちらかといえばあてはまらない	どちらかといえばあてはまる	とても良く当てはまる	その他	まったくあてはまらない	どちらかといえばあてはまらない	どちらかといえばあてはまる	とても良く当てはまる	その他
日本	34.2	27.1	20.3	14.8	3.5	503	525	537	556	467
イギリス	25.3	44.1	21.9	7.2	1.5	489	527	551	582	413
フランス	30.7	33.2	22.3	8.7	5.2	480	515	530	543	415
アメリカ	24.6	39.3	19.1	8.0	9.0	479	507	529	562	457
韓国	25.7	39.7	25.3	9.1	0.2	496	522	546	562	—
フィンランド	23.3	34.9	27.6	12.8	1.5	499	540	571	606	490
アイルランド	21.8	42.0	26.1	9.4	0.7	488	518	556	586	—
オーストラリア	25.7	12.3	22.2	8.9	1.0	487	528	561	586	413
イタリア	22.7	31.8	34.2	10.0	1.2	455	487	502	527	367
カナダ	27.5	38.5	22.7	10.8	0.6	496	532	565	585	473
ドイツ	43.5	26.0	17.4	11.2	2.0	463	508	528	539	403
ニュージーランド	23.5	42.1	23.0	9.5	1.8	496	528	559	582	364
OECD平均	27.6	35.6	24.8	9.8	2.3	475	504	519	543	404

表1-2～5『生きるための知識と技能　OECD生徒の学習到達度調査（PISA）2000年調査国際結果報告書』
（国立教育政策研究所編　ぎょうせい）から

高校生が読書しないことが目立ち、読書状況と読解力調査の得点とに相関関係があることが読み取れる。記録されたものを読むことなしに学習は成立しがたいものであり、読解力がすべての学習の基本であることをあらためて考えなくてはならない。記録されたものを読み、理解・評価・判断し、自分の考えをまとめそれを発表できる力は、国際化社会の進展とともにいっそう重要になるだろう。

OECDによるPISA調査は、2003年に数学的リテラシーをメーンテーマとして、06年には科学的リテラシーをメーンテーマとして実施されていて、どちらも日本の生徒は上位に位置するものが多いと評価されている。09年には再び読解力をメーンテーマとして実施されることになっている。

生涯学習社会で必要とされる力、地球規模に広がる生活環境で必要な力は何かしっかり見定めて、未来を担う生徒たちに必要な力をつけさせることができるように、学校教育のあり方を考えることがますます重要になっている。

1-3　主体的な学習を支える学校図書館

1-3-1　教授方法の改善と学校図書館の活用

学校図書館が教育課程の展開に寄与する内容を具体的に考えてみる。いま求められている主体的な学習とは、「何をどのように学ぶか」を学ぶ人が決める学習である。主体的な学習としてよく課題解決型の学習が取り入れられるが、課題解決型の学習では、課題を設定してから学んだことをまとめて他者に伝えるまでの過程を通じて、学校図書館メディアを活用して自分で情報を比較・評価・選択して収集するなどの力が必要になり、児童・生徒は知識伝達型の授業とは違った方法で学ぶことになる。

このような授業が効果的におこなわれるためには、学校図書館にはメディアを整備すること以外にもさまざまな活動が要求される。まず、メディアを利用する学び方について児童・生徒を指導する必要がある（これに関しては第2章以下で詳述する）。その指導内容は、メディアはどのように組織化されているか、メディアにはどのような特性がありどのように利用するか、あるいはレポートや発表はどのようにおこなうかなどの指導である。また、教師の年間指導計画の立案や個々の授業計画の立案の段階で、どのようなメディアが役立つか、メディアを利用してどのような授業ができるか、などについて学校図書館が教師

に協力する必要がある。学校外からの協力を得るための学校図書館の活動も、実際の授業に協力する司書教諭・学校司書の活動も必要である。そのような活動をとおして、学校図書館は学習上の機能を発揮することになる。メディア活用学習、課題解決学習、個別学習などの学校図書館を活用する教育が、すなわち教授方法の改善につながるのである。

1-3-2 教科学習と学校図書館

　教科の学習で学校図書館を利用する内容について考えてみる（これに関しては第7章以下で詳述する）。教科の授業でメディアを利用するとき、児童・生徒には、講義形式の授業とは違った能力が要求される。必要な情報を自分で探し、評価し、自分のことばで整理する能力が必要になる。メディアを活用する学習では、総合的な学習でも、学級活動・進路指導でも同じ力が必要になる。学校図書館は、そのような学習が有効に進むように児童・生徒を指導し、一方で教師に協力することが求められる。そのさい、児童・生徒に対する指導も教師に対する協力も、サービスのかたちでおこなわれることが多いのは、学校図書館の特性によるものである。

　学校図書館がサービスの形式でおこなう指導や協力の内容についてさらにみてみよう。学校図書館（司書教諭）は担任に代わって児童・生徒を指導することもあり、チームティーチングへの協力、授業計画立案への協力、メディアの提供、メディアに関する情報の提供、他施設との連携への協力、教材作成への協力などもある。司書教諭・学校司書・図書館部全員が協力するのである。

　学校図書館が学習に役立つためには、学校図書館が全校の教育計画を熟知し、それをもとに整備されていることが前提になる。学校図書館の整備は全校的な共通理解と協力によって進められなくてはならないが、その中心を担うのは司書教諭と図書館部である。そのためにはどの教科でどのような学習がおこなわれるか全校の計画を知っておき、メディアの収集や組織化を計画的に進めることが必要になる。学校図書館に必要なメディアについては、学習指導要領にある記述を参考にするといい。たとえば高校の公民や地歴の学習指導要領には、「客観的かつ公正な資料」を利用させて理解させることや、「課題解決に取り組ませる」などという表現や、これに類した表現が各所にあるが、「客観的かつ公正な資料」とは、あらかじめ教師が選んでおいた限られたメディアのことではない。多種多様多量なメディアが準備されているなかから、児童・生徒が比

較し、評価して、自分で「客観的かつ公正」な情報を発見できるようにすることが重要なのである。そのためにさまざまなメディアを数多く準備することが学校図書館の責務である。

1-3-3 総合的な学習と学校図書館

総合的な学習について学習指導要領は、自ら学ぶこと、問題解決能力を育てることなどをねらいとしてあげ、配慮事項として体験的な学習、問題解決的な学習を取り入れることをあげている。(7) 体験的な学習とは体験だけをさすのではない。体験学習には、予備知識を獲得する過程や体験前の仮説を立てたりする過程、体験後に検証し、整理し、表現する過程が必要であり、体験以外の過程の重要さを児童・生徒に気づかせる指導も重要なのである。

また、総合的な学習のねらいとして学び方のスキルもあげてあるが、これは学校図書館関係者が「利用指導」のことばで長年強調してきたことである。学校図書館先進国では、小学生の段階からレポート作成法の指導が日常的におこなわれていて、引用・出典の扱い方も指導されている。調べたことを書き写すのでなく、自分の判断や意見を盛り込んだものがレポートとして求められている。日本でも、総合的な学習のなかでそのような指導をすることが必要だろう。

1-4　教育課程の編成・展開に参画する学校図書館

1-4-1　人としての力を育てる教育

現代は生き方の手本を見つけにくい時代である。情報はあふれているが、情報を活用できる力によって生き方は大きく影響を受ける。入手困難な情報には価値があることが多く、努力しなくても手に入れられる情報にはあまり価値はないばかりか、その妥当性を疑い危険性を予想する必要がある場合さえある。何が正しく何が正しくないかは受け取る側の立場によって違うこともあり、主体的に生きるためには主体的な情報の活用力が重要である。情報やメディアを活用する学習によって、現代を主体的に生きる人としての力を育てることが望まれる。

学校図書館は、全校のカリキュラム展開に必要なメディアを提供しなくてはならないため、教科書にある範囲や教師の指導の範囲だけにメディアを限定するのでなく、児童・生徒が自らの疑問に取り組み、新たな世界を発見し、その

精神世界を広げることができるようなメディア収集が期待される。

1-4-2 主体的な学習の推進

学校図書館と司書教諭は、個々の授業や活動に協力するだけでなく、主体的な学習指導が学校全体で活発におこなわれるように推進する責任がある。このために、学校図書館は学習にどのように協力できるのか、学校図書館が協力することでどのような学習効果が期待できるのか、実際にどのような効果がみられるのか、多くの教師に理解してもらい、活動が広まるようにはたらきかけなくてはならない。そのためには、さまざまな情報を教師たちに送り届けること、司書教諭を含む図書館部の教師が率先して主体的な学習に取り組み、その様子を多くの教師に知ってもらうことが重要になる。参考になる事例や資料を学校図書館として収集し、教師たちに提供することも大切である。図書や出版に関する情報、さまざまなメディアに関する新しい情報も集めて教師たちの授業計画に役立つようにし、学校図書館が学習センターとしての機能を発揮するよう図りたい。

図1-1 インターネットを利用した授業風景

学習センター（図書館）でインターネットを使って調べる学習をしている市川市立塩焼小学校の児童

1-4-3 教育課程の編成・展開と学校図書館

学校図書館が機能を発揮することによって、学校の教育活動が変わることをここまで述べてきた。学校図書館の活動は、教科学習や総合的な学習で役立つほかに、学級活動・学校行事・部活動・進路指導なども含めて、学校内外でおこなわれる教育活動すべてにわたる。そのような機能を全校的・組織的に果たすためには、学校の教育・経営計画の立案に図書館として参画し、年間計画はもとより、長期計画の立案にも図書館の立場から意見を述べ、提案できるようなシステムが必要である。学校全体の動きを理解して学校図書館を経営し、授業に協力することによって学校図書館が全校の教育活動にかかわることが可能

になる。個々の教師に対しても、年間計画の立案の段階から協力することによって、メディアの準備を計画的に進め、全校のスケジュールを調整しながら活動を支援できる。多くの教師にとっても、学校図書館にどのようなメディアが準備されていて、どのように提供してもらえるか、どのような指導をしてもらえるか、どのような協力や支援が期待できるかが計画の段階からわかることで、メディアを活用する授業も実施しやすくなる。

　学校図書館には、図書館のなかだけの活動が求められているのではない。学校全体に向けての活動、保護者や地域の人びとも含めた学校外に向けての活動も求められる。

　学校図書館が教育活動全体に機能を果たしている学校では、学校全体の教育計画立案との緊密なかかわりがみられる。各学年の教科学習を学校図書館と結び付けて効果を上げるために、学年と図書館で綿密な打ち合わせをしながら年間計画や学期ごとの計画を立て、実際の授業に取り組んでいる小学校もある。教科・学年・学校図書館が連携して教科学習や総合的な学習や学校行事を総合的に計画し、立案の段階から学校図書館が参画することで活動を成功させている中学校もある。学校図書館機能を生かす独自の科目を創設して、生徒の自学能力を育成して効果を上げている高校もある。

　児童・生徒の主体性を育てる教育が、各地でいっそう広くおこなわれるようになることが望まれる。

【本章のまとめ】……………………………………………………………………………
　学校図書館の機能と位置づけが歴史とともに変化してきたことを最初に述べ、これからの学校図書館の役割について考察した。次にこれからの社会で必要となる自学能力について、国際化・情報化という側面から考察した。さらに、主体的な学習の方法と学校図書館の関係について述べ、そのような学習を学校全体で展開するために学校図書館が果たすべき役割について述べた。

◆注
（1）「学校には、その学校の目的を実現するために必要な校地、校舎、校具、運動場、図書館又は図書室、保健室その他の設備を設けなければならない」（学校教育法施行規則第1条）
（2）戦前の学校図書館の教育的な利用例として著者が知りえたところは、東京のキリスト教主義

の私立女子校が、「ライブラリー」という独立科目を設けていたという例にとどまる。
(3) 当初の学校図書館法には学校図書館整備のための予算条項が盛り込んであったために、全国の学校図書館整備はある程度進んだが、後日、予算に関する部分は目的を達成したとして削除された。
(4) 「学校の施設のなかで、特に学校図書館については、学校教育に欠くことのできない役割を果たしているとの認識に立って、図書資料の充実のほか、様々なソフトウェアや情報機器の整備を進め、高度情報通信社会における学習情報センターとしての機能の充実を図っていく必要があることを指摘しておきたい。また、学校図書館の運営の中心となることが期待される司書教諭の役割はますます重要になると考えられ、その養成について、情報化等の社会の変化に対応した改善・充実を図るとともに、司書教諭の設置を進めていくことが望まれる」(第15期中央教育審議会「21世紀を展望した我が国の教育の在り方について」第3章第3部、1996年)
(5) 「学校図書館を計画的に利用しその機能の活用を図り、児童(中学・高校では生徒)の主体的、意欲的な学習活動や読書活動を充実すること」(学習指導要領総則第5「指導計画の作成等に当たって配慮すべき事項」)
(6) Programme for International Student Assessment。報告書は国立教育政策研究所編『生きるための知識と技能　OECD生徒の学習到達度調査　2000年調査国際結果報告書』ぎょうせい、2002年
(7) 「2　総合的な学習の時間においては、次のようなねらいをもって指導をおこなうものとする。(1) 自ら課題を見付け、自ら学び、自ら考え、主体的に判断し、よりよく問題を解決する資質や能力を育てること。(2) 学び方やものの考え方を身に付け、問題の解決や探究活動に主体的、創造的に取り組む態度を育て、自己の生き方を考えることができるようにすること」「5　総合的な学習の時間の学習活動をおこなうに当たっては、次の事項に配慮するものとする。(1) 自然体験やボランティア活動などの社会体験、観察・実験、見学や調査、発表や討論、ものづくりや生産活動など体験的な学習、問題解決的な学習を積極的に取り入れること」(学習指導要領総則第3「総合的な学習の時間の取り扱い」)

◆参考文献
アメリカ・スクール・ライブラリアン協会／教育コミュニケーション工学協会共編『インフォメーション・パワー――学習のためのパートナーシップの構築』同志社大学学校図書館学研究会訳、同志社大学、2000年
菅谷明子『メディア・リテラシー――世界の現場から』岩波新書、2000年
全国学校図書館協議会『「総合的な学習」を支える学校図書館――小学校・中学校編』全国学校図書館協議会、2001年
関口礼子『学校図書館が教育を変える――カナダの実践から学ぶもの』全国学校図書館協議会、1999年
宅間紘一『学校図書館を活用する学び方の指導――課題設定から発表まで』全国学校図書館協議会、2002年
林容子『「総合的な学習」に司書教諭はどう関わるか――実践事例を中心に』全国学校図書館協議会、2002年

注

第2章　メディア活用能力育成とその方法

2-1　メディア活用能力育成の意義と目的

　現代社会は高度情報社会といわれて久しい。それは、コンピュータ技術と通信技術の急速な発展によってもたらされた情報への依存度がきわめて高い社会である。インターネットを介して私たちが発信した情報は、瞬く間に世界のいたるところで受信することができる。また、情報の受信者と発信者は固定化されず、すべての人が情報の受信者であると同時に発信者となることができる。その結果、私たちが利用できる情報の量は飛躍的に増大し、その質もきわめて多様になった。しかし、私たちは、必ずしもこのような社会に十分に適応できているわけではない。「情報の氾濫」と呼ばれる状況のなかで、多種多様な情報に翻弄されて混迷を深めていることも事実である。そんななか、2005年度（平成17年度）の中央教育審議会答申「我が国の高等教育の将来像」は、21世紀を「知識基盤社会（knowledge-based society）」と位置づけた。それは「新しい知識・情報・技術が政治・経済・文化をはじめ社会のあらゆる領域での活動の基盤として飛躍的に重要性をます社会」であるという。こうした社会にあって、私たちは多様なメディアによって生成・伝達される情報を適切に評価・選択・活用して生きる力とする術を身につけておくことが必要であり、それが学校教育に求められている大きな役割の1つでもある。

　今日の学校教育に求められているもう1つの大きな役割は、児童・生徒が生涯を通じて自ら学びつづける意欲と能力を身につけることである。それは、受験のための知識の習得といった目先の目標だけにとらわれず、児童・生徒の自己形成にとって真に意味のある主体的な学びによって可能になると考えられる。このような自己学習能力を育てる学びについて、『自己学習能力を育てる──学校の新しい役割』では、次のように述べている。

　　やりがいがあり、自己向上へとつながる課題を見つけること、入手可能

な情報源をいかに利用しうるかを検討して学習の計画を立てること、その計画を実行し、自ら進歩の度合いを評価して計画自体を柔軟に修正していくことなどを含む。
（波多野誼余夫編『自己学習能力を育てる』東京大学出版会、1980年、2ページ）

生涯を通じた学習を支え、これからの知識基盤社会をよりよく生きていくために必要な能力を育てる1つの方法として、メディア活用能力の育成がある。メディア活用能力とはメディアを主体的に活用して自己の課題を解決できるようになる能力であり、そのような能力の育成は、広い意味での情報教育の一環として位置づけられるべきだろう。この観点から、アメリカスクールライブラリアン協会と教育コミュニケーション工学協会は共同で「児童生徒の学習のための情報リテラシー基準」を作成し、児童・生徒の情報行動を「情報リテラシー」「自主学習」「社会的責任」の3つの領域に区分し、それぞれの領域で児童・生徒が身につけるべき行動基準を示している。以下は、1998年にアメリカで出版された『インフォメーション・パワー——学習のためのパートナーシップの構築』からの抜粋である。

児童・生徒の学習のための9つの情報リテラシー基準
情報リテラシー
　基準1：情報リテラシーを身につけている児童・生徒は、効率的かつ効果的に情報にアクセスできる。
　基準2：情報リテラシーを身につけている児童・生徒は、批判的かつ適切に情報を評価することができる。
　基準3：情報リテラシーを身につけている児童・生徒は、正確かつ創造的に情報を利用することができる。
自主学習
　基準4：自主学習者である児童・生徒は、情報リテラシーを身につけており、個人的興味に関連のある情報を求める。
　基準5：自主学習者である児童・生徒は、情報リテラシーを身につけており、文学などの情報の創造的な表現を鑑賞することができる。
　基準6：自主学習者である児童・生徒は、情報リテラシーを身につけており、情報探索と知識の生成に優れようと努力する。

社会的責任

　基準7：学習コミュニティや社会に積極的に寄与する児童・生徒は、情報リテラシーを身につけており、民主主義社会にとっての情報の重要性を認識する。

　基準8：学習コミュニティや社会に積極的に寄与する児童・生徒は、情報リテラシーを身につけており、情報と情報技術に関して倫理的行動をとる。

　基準9：学習コミュニティや社会に積極的に寄与する児童・生徒は、情報リテラシーを身につけており、グループへの効果的な参加をとおして、情報を探究し、生成する。

(『インフォメーション・パワー』渡辺信一監訳、同志社大学、1998年)

2-2　メディア活用能力の指導内容

2-2-1　課題解決のプロセス

　メディア活用能力の育成によって児童・生徒が身につけるべき能力とは、教科書や参考書だけでなく多様なメディア（情報源）を豊富に活用して必要な情報を探し出し、それを自らの知識として構成したうえで、新たな情報として発信する能力である。その具体的な指導方法については、いくつかの提案がされているが、児童・生徒は、おおむね次のような課題解決のプロセスを実際にたどりながら、プロセスの各段階で必要となるスキルを身につけていくと考えられる。まず自らの課題や問題を明らかにし、その課題を解決するために必要な情報を探す方策を立て、それをもとに情報を収集・評価・選択し、記録・整理し、まとめて発表する。児童・生徒がこのプロセスの重要性を理解したうえで、適切な方策を立てて実行し、事後に自らの課題探究過程を振り返って評価できるようになることが、メディア活用能力の指導の中心になる。

2-2-2　メディア活用を支える基本的能力

　上記のようなプロセスをたどって課題の探究を進めるためには、論理的な思考力が必要であることは言うまでもない。ここでは、メディア活用能力とかかわってとくに必要と思われるいくつかの基本的な能力をあげておく。

・メディアから情報を読み取る能力
　図書、電子メディア、視聴覚メディアなど形態の違うメディア、あるいは文字、絵や図、表、統計、地図といった表現方法の異なるメディアから、それぞれに応じた情報の読み取り方を身につけておくことが必要である。
・発想力
　発想力とは、既成概念にとらわれずに柔軟に考えて、新しい方法やアイデアや考えを生み出す力であり、課題研究のさまざまな局面で構想を立てるときなどに必要とされる。発想力を高めるには、ブレーン・ストーミング、KJ法、クリティカル・シンキングなどの技法がある。
・情報や情報の利用を評価する力
　メディアや情報の内容について、それが使える情報かどうか、どのように使うのが適切かを判断し、情報の生成と流通の過程を知って、その信頼性や価値を判断することは情報の利用にとってきわめて重要である。また、自分やほかの人が情報やメディアを利用する過程を評価し、自ら発信する情報に対して責任をもつことも必要である。
　このような能力を身につけておくことは、メディアを活用して課題解決をおこなうさいに不可欠であると考えられるが、児童・生徒が発達段階に応じて課題探究的な学びを進めていくなかで育っていくものでもある。

KJ法

　KJ法は、文化人類学者川喜田二郎氏によって考案された創造的な問題解決の技法で、考案者の名前の頭文字をとってこのように名づけられた。
　KJ法の基本的な作業手順は以下のとおりである。
（1）情報収集
　この作業は「探検」と呼ばれ、フィールドワークや調査などをおこなって情報を収集する外部探検と、ブレーンストーミングなどでアイデアや意見を引き出す内部探検とがある。
（2）カード作成
　収集された情報やアイデアは、小さなカードに1枚1項目ずつ書き込んでいく。
（3）グループ編成
　カードを広げ、内容の近いカードを集めて小さなグループをつくり、それに「表札」と呼ばれるタイトルをつける。小グループをまとめて中グループ

(4) 空間配置
　　グループごとにまとめられたカードの束を模造紙に並べて、内容の近い束や、原因―結果、目的―手段などの関係にある束を近くに置くなど、ストーリーを展開しやすいように考えて配置する。
　(5) 図解
　　グループごとに縁取りをしたり、棒線などでグループどうしの関係を示して、全体の構造が一目でわかるように図解する。
　(6) 文章化
　　図解をもとにして文章化する。
　　このような一連の作業をとおして、漠然としていた問題や課題が構造化されて明確になり、課題解決に役立つヒントや発想が生み出される。また、作業をグループでおこなうことによって、①情報収集の幅が広がる、②衆知を集めることができる、③メンバー相互の連帯意識を高めるなどの効果が期待できる。
　　KJ法の詳細を知るには、次の文献が参考になる。
　　川喜田二郎『発想法――創造性開発のために』中公新書、1967年
　　川喜田二郎『続・発想法』中公新書、1970年

2-2-3　メディアの使用法

　多様なメディアを活用して学習を進めるためには、まず、レファレンスブック、新聞や雑誌、視聴覚メディア、インターネット、コンピュータ目録（OPAC）、CD-ROMといった各種メディアの特性を理解して、その使用方法を身につけ、必要に応じて適切なメディアを自ら選択できるようにしておくことが必要である。その過程で視聴覚機器やコンピュータなどの情報機器の操作方法を学ぶことも必要になってくるだろう。また、校外に出かけていって情報を収集する場合には、公共図書館、博物館、美術館、資料館、情報センター、行政や企業の広報サービスなどの利用方法について知っておくことも必要である。

2-2-4　情報の探し方

　メディアの特性と使用法がわかり、求めている情報に応じて適切なメディアを選択できるようになれば、今度はそれらのメディアを使って情報を検索し、そこから必要な情報を取り出すことになる。そのためには下記のようなスキル

を身につけておく必要がある。
- 学校図書館における図書の分類と配架の方法を知って利用する方法
- 辞書・事典・年鑑・便覧といったレファレンスブックの目次や索引を利用する方法
- 目録・書誌・索引などの件名とキーワードを利用する方法
- コンピュータ目録、オンラインやCD-ROMで提供されるデータベース、インターネットのサーチエンジンなどを利用する方法
- ブラウジング(探究すべき課題や探したい情報が明確でない場合や、情報探索の方策を考えたりする場合に、とくに明確な目的をもたずに図書館にある資料を全般的に見渡して、関連のありそうな資料を見つけ出す方法を知っておくと便利である)

2-2-5 情報のまとめ方

収集した情報を目的に応じて適切に整理・保存し、それを活用してレポートなどにまとめて発表するスキルを身につける。たとえば、資料の要約、資料リストや情報カードの作り方、レポートの書き方、ポスターの作り方、ファイル資料の作り方、口頭発表の仕方、ビデオの制作と編集の仕方、情報機器を使ったプレゼンテーション、Webページを使った情報発信などである。

2-2-6 「資料・情報を活用する学び方の指導」

生涯を通じた学習を支える学び方の指導と、これからの情報化社会をよりよく生きていくために必要な能力を育成するという、2つの課題に対応するために指導内容と指導事項を体系的に整理したものとして、全国学校図書館協議会が2004年に制定した「情報・メディアを活用する学び方の指導体系表」がある。これには「学習と情報・メディア」「学習に役立つメディアの使い方」「情報の活用の仕方」「学習結果のまとめ方」の4つの領域と61の指導項目が小学校低学年から高校までにわたって配当してあるので、各学校で指導内容や指導事項を決めるにあたって参考になるだろう。しかし、この体系表が発表された92年から現在にいたるまでに、児童・生徒が置かれているメディア環境は大きく変化していて、学校教育や学校図書館の状況も変わっている。この体系表を利用して、メディア活用能力の指導内容を検討するにあたっては、そのことを十分に考慮して、各学校図書館や児童・生徒の実情に合うように指導内容を精選する必要

表2-1 情報・メディアを活用する学び方の指導体系表

	小学校低学年	小学校中学年	小学校高学年
I 学習と情報・メディア	○学習のめあてを持つ ・学習テーマの選択 ○情報・メディアの利用法を知る ・学校図書館のきまり ・学級文庫のきまり ・図書の取り扱い方 ・コンピュータの使い方	○学習計画の立て方を知る ・学習テーマの選択 ・調べ方の選択 ○情報・メディアの種類や特性を知る ・図書 ・視聴覚メディア ・電子メディア ・人的情報源 ○情報・メディアの利用法を知る ・学校図書館、学級文庫のきまりや使い方 ・公共図書館でのサービス ・図書の取り扱い方 ・ネットワークの使い方	○学習計画を立てる ・学習テーマの決定 ・調べ方の決定 ○情報・メディアの種類や特性を知る ・図書、新聞、雑誌 ・視聴覚メディア ・電子メディア ・人的情報源 ○情報・メディアの利用法を知る ・学校図書館、学級文庫のきまりや使い方 ・公共図書館や各種文化施設でのサービス ・図書の取り扱い方 ・ネットワークの使い方
II 学習に役立つメディアの使い方	○学校図書館を利用する ・ラベルと配置 ・レファレンスサービス ○課題に応じてメディアを利用する ・図鑑等の図書資料 ・掲示、展示資料	○学校図書館を利用する ・分類の仕組みと配置 ・請求記号と配架 ・コンピュータ目録 ・レファレンスサービス ○その他の施設を利用する ・公共図書館 ・各種施設 ○課題に応じてメディアを利用する ・国語辞典、地図等の図書資料 ・ファイル資料 ・掲示、展示資料 ・視聴覚メディア ・電子メディア	○学校図書館を利用する ・分類の仕組みと配置 ・請求記号と配架 ・カード目録 ・コンピュータ目録 ・レファレンスサービス ○その他の施設を利用する ・公共図書館 ・各種施設 ○目的に応じてメディアを利用する ・漢字辞典、事典、年鑑等の図書資料 ・新聞、雑誌 ・ファイル資料 ・掲示、展示資料 ・視聴覚メディア ・電子メディア
III 情報の活用の仕方	○情報を集める ・各種メディアの活用 ・人的情報源の活用 ○記録の取り方を知る ・抜き書きの仕方 ・絵を使った記録の仕方 ・気づいたことの書き方	○情報を集める ・各種メディアの活用 ・人的情報源の活用 ○記録の取り方を知る ・抜き書きの仕方 ・切り抜き、ファイルの作り方 ・要点のまとめ方 ・表や図の作り方 ・ノートのまとめ方 ・AV機器等を使った記録の取り方 ○必要な情報を選ぶ ・目的に応じた情報の選択	○情報を集める ・各種メディアの活用 ・人的情報源の活用 ○記録の取り方を知る ・切り抜き、ファイルの作り方 ・要点のまとめ方 ・表や図の作り方 ・ノートのまとめ方 ・記録カードの作り方 ・自作資料の作成法 ・AV機器等を使った記録の取り方 ・コンピュータでの記録の取

2004年4月1日　全国学校図書館協議会制定

	中学校	高等学校
I 学習と情報・メディア	○学習の方法を考える ・いろいろな学習方法 ・学習計画の立て方 ○情報・メディアの種類や特性を知る ・印刷メディア ・視聴覚メディア ・電子メディア ・人的情報源 ○図書館の役割を知る ・学校図書館 ・公共図書館 ・その他の施設 ・ネットワーク	○学習の意味を考える ・学習とは何か ・情報化社会とわたしたちの学習を考える ・現代社会と情報、メディア ・学習と情報、メディア ・情報、メディアの種類と特性 ○図書館の機能を知る ・学校図書館 ・公共図書館 ・ネットワーク
II 学習に役立つメディアの使い方	○図書館を利用する ・分類の仕組み ・配架の仕組み ・目録の種類 ・レファレンスサービス ○各種施設を利用する ・博物館 ・資料館 ・美術館 ・行政機関 ・その他の施設 ○課題に応じてメディアを利用する ・参考図書 ・新聞、雑誌 ・ファイル資料 ・視聴覚メディア ・電子メディア	○図書館を利用する ・分類の仕組み ・配架の仕組み ・目録の種類 ・レファレンスサービス ○各種施設を利用する ・博物館 ・資料館 ・美術館 ・行政機関 ・企業 ・その他の施設 ○課題に応じてメディアを利用する ・参考図書 ・新聞、雑誌 ・ファイル資料 ・視聴覚メディア ・電子メディア
III 情報の活用の仕方	○情報を収集する ・各種メディアの活用 ・人的情報源の活用 ○効果的な記録の取り方を知る ・ノートの作成法 ・カードの作成法 ・切り抜き、ファイルの作成法 ・AV機器等を使った記録の取り方 ・コンピュータを使った記録の取り方 ○情報を分析し、評価する ・目的に応じた評価 ・複数の情報の比較、評価 ○情報の取り扱い方を知る ・インターネット ・著作権 ・情報モラル ・個人情報	○情報を収集する ・各種メディアの活用 ・人的情報源の活用 ・調査、実験、体験などからの情報の入手 ○効果的に記録する ・ノートの作成法 ・カードの作成法 ・切り抜き、ファイルの作成法 ・AV機器等を使った記録の取り方 ・コンピュータを使った記録の取り方 ○情報を評価する ・情報源の評価 ・目的に応じた情報の比較、評価 ○情報の取り扱い方を知る ・インターネット ・著作権 ・情報モラル ・個人情報

2-2　メディア活用能力の指導内容

	小学校低学年	小学校中学年	小学校高学年
Ⅲ 情報の活用の仕方		○利用上の留意点を知る ・インターネット ・著作権 ・情報モラル ・個人情報	り方 ○情報を比較し、評価する ・複数の情報の比較、評価 ○利用上の留意点を知る ・インターネット ・著作権 ・情報モラル ・個人情報
Ⅳ 学習結果のまとめ方	○学習したことをまとめる ・情報の整理 ・感想の書き方 ・絵や文章のまとめ方 ○学習したことを発表する ・展示、掲示による発表 ・紙芝居やペープサートによる発表 ・OHP、OHCを使った発表 ○学習の過程と結果を評価する ・調べ方 ・まとめ方 ・相互評価	○学習したことをまとめる ・情報の取捨選択、整理 ・自分の意見のまとめ方 ・絵や文章のまとめ方 ・図や表の取り入れ方 ・写真や音声の取り入れ方 ・資料リストの作成 ○学習したことを発表する ・展示、掲示による発表 ・紙芝居やペープサートによる発表 ・劇や実演による発表 ・OHP、OHCを使った発表 ○学習の過程と結果を評価する ・メディアの使い方 ・調べ方 ・まとめ方 ・発表の仕方 ・相互評価	○学習したことをまとめる ・情報の取捨選択、整理 ・自分の考えのまとめ方 ・絵や文章のまとめ方 ・図や表の取り入れ方 ・写真や映像、音声の取り入れ方 ・コンピュータを使ったまとめ方 ・資料リストの作成 ○学習したことを発表する ・展示、掲示による発表 ・紙芝居やペープサートによる発表 ・劇や実演による発表 ・録音、ビデオ、OHP、OHCを使った発表 ・コンピュータを使った発表 ○学習の過程と結果を評価する ・メディアの使い方 ・情報の調べ方 ・情報のまとめ方 ・発表の仕方 ・相互評価

があるだろう。

　メディア活用能力は、現代の生活で必要とされる基本的な能力として、学校教育のあらゆる機会をとらえて育成されるべきものであるが、ここではメディア活用能力の学習機会を大きく「特設授業方式」「融合授業方式」「個別指導方式」の3つに分けて説明する。これらの方式は、各学校の実情や指導目標に合わせて、適宜組み合わせて実施することが望ましい。いずれの方式においても、メディア活用能力の指導にあたっては、たんなる説明にとどまらず、実際に児童・生徒に作業や演習をさせるように心がけることが大切である。そのさい、できるだけ児童・生徒を積極的に動機づけるような課題についておこなわれる

	中学校	高等学校
IV 学習結果のまとめ方	○学習の結果をまとめる ・評価した情報の整理 ・伝えたいことの整理 ・自分の考えのまとめ方 ・レポートによるまとめ方 ・紙面によるまとめ方 ・コンピュータを使ったまとめ方 ・資料リストの作成 ○まとめたことを発表する ・レポートによる発表 ・口頭による発表 ・展示、掲示による発表 ・実演による発表 ・写真、AV機器を使った発表 ・コンピュータを使った発表 ○学習の過程と結果を評価する ・調査、研究の方法 ・調査、研究の過程 ・成果の評価 ・相互評価	○学習の結果をまとめる ・評価した情報の整理 ・自分の考えのまとめ方 ・目的に応じた記録のまとめ方 ・資料リストの作成 ○まとめたことを発表する ・レポートによる発表 ・口頭による発表 ・展示、掲示による発表 ・実演による発表 ・写真、AV機器を使った発表 ・コンピュータを使った発表 ○学習の過程と結果を評価する ・調査、研究の方法と過程 ・成果の評価 ・相互評価

ことが望ましい。教科の学習やクラブ活動など学校生活にかかわるテーマはもちろん、広く日常生活全般における関心や問題意識をトピックやテーマとすることによって、児童・生徒は、目的をもって積極的・主体的に学ぶことができる。

2-3　メディア活用能力育成の方法

2-3-1　特設授業方式

　特設授業方式とは、メディア活用能力の育成のための時間をとくに設定して指導することをいう。たとえば、小・中学校での「学級活動」や高校での「ホームルーム活動」など「特別活動」の時間をメディア活用能力育成のために使う場合である。この場合、学校図書館や図書館メディアの利用をとくに取り上げて指導できるという利点がある。しかし、年間を通じて特別活動の時間をメディア活用能力の育成に利用できる時間数は限られていて、継続的・体系的な指導をおこなうには不十分なことが多い。また、特別活動は全校いっせいに同じ時間帯におこなわれる場合が多いので、学校図書館の利用日時について全校

的な調整をする必要があるだろう。この方式では、とくに教科指導の流れと関連づける必要のない、できるだけ単位時間内で完結するような指導事項を選んで指導するのがいいだろう。

　これに対して、教育課程のなかに「図書の時間」のような独立した授業を設けてメディア活用教育をおこなう場合もある。この場合、一定期間あるいは年間をとおして継続的なメディア活用能力の指導ができるので、学校図書館独自で体系的な指導計画を立てて一貫性のある指導ができるという利点がある。とくに司書教諭など専門的な指導ができる教職員が確保できる場合には、メディア活用教育の全体を見とおした、内容的にも深く幅広い指導が可能である。しかし、教科指導の体系とは別の独自の体系によって指導がおこなわれることから、教科の課題などで必要になったときに、この授業で学んだスキルが必ずしもうまく活用できるとはかぎらない。メディア活用能力育成の指導のなかに各教科で扱っているテーマや課題を取り入れるなど、できるだけ教科との関連性をもたせる工夫をして、児童・生徒に強い情報要求や積極的な学習意欲を喚起しながら指導することが望ましい。

2-3-2　融合授業方式

　各教科の授業時間のなかで、その指導事項と関連づけてメディア活用能力を指導することを融合授業方式という。この場合、メディア活用能力の指導は教科指導の体系のなかに組み入れられることになる。すなわち、メディア活用能力の指導が教科指導の一環としておこなわれるので、児童・生徒の情報欲求も高まり、個々のスキルの必然性を理解しながらメディア活用能力を身につけることができるという利点がある。その一方で、教科の指導体系に基づいて授業が進行するので、メディア活用能力育成の体系や指導の順序との調整が必要となる。教科指導を一時中断して、情報の探索やまとめ方の指導を挿入しなければならない場合もあるだろう。

　そのような場合だけでなく、一般に融合授業方式を採用する場合には、司書教諭などのメディア専門職による支援が不可欠である。従来の教科の枠を超えて、自ら課題を見つけ、自ら学び、自ら考え、主体的に判断し、よりよく問題を解決する資質や能力を育てることをめざす「総合的な学習の時間」は、メディア活用教育と融合あるいは統合しやすいと考えられる。統合とは、学級担任や教科担当教員と司書教諭が共通の目標をもって協同で授業をつくりあげてい

くことをいう。高校の教科「情報」も、メディア活用能力の指導と重なる部分が大きいので、できれば統合の可能性も探ってみたい科目である。いずれにしても、学級担任や教科担当の教員がテーマの設定から情報探索やまとめと発表にいたるまで、児童・生徒が主体的にメディアを活用して課題解決型の学習をおこなうことの意義と重要性を十分に理解していることがなによりも重要である。

2-3-3 個別指導方式

　特設授業方式や融合授業方式などでは、学級や授業に参加しているすべての児童・生徒を対象として一定のメディア活用能力の指導をおこなうのに対して、児童・生徒1人ひとりを対象にして、必要なときに必要な指導をおこなう方式を個別指導方式という。もっとも一般的には日常的な学校図書館サービスの一環として、授業時間外に児童・生徒の相談にのる場合である。授業での理解が不十分だったり、より発展的な技能の習得を求める個々の児童・生徒に対して、授業中あるいは放課後に呼び出して個別に指導する場合もある。この方式では、体系的で継続的な指導は望めないが、児童・生徒の学習欲求が高まっているときをとらえて指導できるという利点があるので、正規の授業を補足するためにも、ぜひ積極的に実施したい。

2-3-4 メディア活用能力育成指導における司書教諭の役割

　学校におけるメディア活用能力育成のために学校図書館や司書教諭が果たす役割はきわめて大きい。司書教諭は、学校図書館を拠点として、施設・設備やメディアの充実を図るなど、メディア活用能力育成を実施しやすい環境を整え、全体計画の立案・実施・評価にいたるまでのすべての段階にかかわる。特設授業方式においては、授業計画の立案と実施を自らが責任をもっておこなう場合が多くなるだろう。融合授業方式を採用する場合には、授業担当の教師や学級担任と協議して、教科の指導内容と児童・生徒に身につけさせるべきメディア活用能力との関連を明確にし、授業のプランを練り、チームティーチングや授業支援の方法について十分に打ち合わせておく。また、校内で教員研修会を開くなど教員に対する情報サービスを充実させ、全校的にメディア活用能力育成に関する教員の意識を高めることも必要である。司書教諭による授業支援の方法には次のようなものがある。

・教科担当教員との協同による授業計画の立案

　教科担当者と事前の打ち合わせて、教科指導の展開を把握しながら教科の指導事項とメディア活用能力との関連性を明らかにし、どの事項を、どの時期に指導するか、どの単元でどの分野の指導をするかといった指導計画を立てる。授業の実施について情報交換や助言などをおこなう。

・メディアや情報の提供

　学習単元ごとに利用可能な学校図書館メディアをリストアップする。学校図書館外の情報源の紹介。学校図書館にある機器の操作マニュアルの作成。授業に関連する資料の別置や展示。ほかの学校図書館との相互貸借や公共図書館の団体貸出を利用して必要な資料を提供する。

・施設・設備の提供

　複数の授業で学校図書館を使う場合には、利用時間帯と提供するメディアやサービスの調整をおこなう。授業に必要なメディアを揃えて学校図書館外に持ち出して普通教室や特別教室などで利用する場合もある。

・指導の提供

　授業時間の一部あるいは全体に参加して担当教員とのチームティーチングをおこなう。

・教員研修の計画と実施

2-4　メディア活用能力育成の計画と評価

　メディア活用能力の育成が一過性の試みに終わることなく学校の教育課程に根づくためには、教職員全体の合意に基づいて計画的に実施される必要がある。メディア活用能力育成のための計画には、学校全体の教育方針や教育計画と結び付いた全体計画や、学校行事や教科単元の指導内容とリンクした年間指導計画などがある。このような長期的で全般的な見取り図となる計画ができあがると、それに基づいて、まず、実施に必要な諸条件が整えられる。学校図書館の施設・設備やメディアを充実するための予算が計上され、担当教職員の適正な配置が図られる。こうして整備された環境を活用して毎時間の授業プランなど具体的な指導案が練られ、授業が実施される。授業の成果や計画の達成度は、あらかじめ決められた評価項目にしたがって評価され、その結果に基づいて改善が検討される。このように、メディア活動能力の育成にあたっては、計画

(Plan)→実行（Do）→評価（Check）→改善（Act）→計画（Plan）といった、らせん状に向上する一連のサイクル（PDCAサイクル）のなかで取り組むのが理想的である。

2-4-1　メディア活用能力育成計画立案の基本原則
　メディア活用能力育成の計画は、以下の点に配慮して立案される必要がある。
(1) 学校全体の教育計画の一環として立案すること
　メディア活用能力の指導は、学校でのすべての教育活動の基盤となる知的能力の育成をめざすものなので、学校の教育目標や教育方針に沿ったかたちで実施されることが望ましい。全体計画の作成にあたっては、学校図書館メディアの利用と教育課程の展開との関連性、学校の重点目標とメディア活用能力の育成がどのようにかかわるかといったことについて検討を重ね、教職員全体の共通理解を得ておく必要がある。さらに、児童・生徒の主体的・自主的な課題解決型の学習活動を重んじるという方針が学校・学年・教科・学級などの教育目標をとおして貫かれていれば、メディア活用能力育成を支える強力な基盤となるだろう。
(2) 体系的で継続的な計画を立てること
　メディア活用能力の育成は、全学年を通じて継続的に実施されるように計画されることが望ましい。指導項目は、児童・生徒の発達段階に応じて各学年に配当し、項目相互の関連と指導の順序が明確になるように配列し、学年を追って積み上げ、反復しながら、広がりと深まりをもたせるようにする。
(3) 学校、児童・生徒、地域の実態に即した計画を立てること
　メディア活用能力育成の計画を立てるにあたっては、学校の体制や施設、学校図書館の整備状況、司書教諭や学校司書など担当教職員の配置状況、教職員の学校図書館に対する理解の程度など、学校の状況を考慮すべきことは言うまでもない。また、メディア活用能力の育成に関する児童・生徒のこれまでの学習経験や学習や読書に対する意欲などを把握しておくことも必要である。さらに、学校は地域社会から何を期待され、地域社会は学校に対して何を提供できるかといった、学校と地域社会との関係を把握しておくことも計画立案の一助となる。公共図書館や公民館・博物館・美術館などの文化施設や行政関係機関など情報源として利用できる施設や、地域を基盤に活動している団体や人物な

どに関する情報を把握して、折にふれて連絡をとりあっておくことも大切である。近隣の学校や地域の教育研究団体の実践や研究の成果を利用することもできるだろう。このように、学校、児童・生徒、地域社会の現状を的確に把握して実施可能な計画を立てることが必要である。

2-4-2　計画作成の手順と留意点
（1）計画作成と実施のための組織づくり

　全体計画の作成にあたっては、全校的な理解と協力を得られるような方策を講じる必要がある。たとえば、メディア活用能力の育成を推進していくために各学年および各教科の代表で構成する研究チームあるいはワーキンググループを組織して原案を作成し、職員会議での討議をへて決定する。そのような組織には、必要に応じて管理職のほか、教務、教育研究、視聴覚、情報メディアなど関連する部署の代表も加わる。司書教諭は、グループの推進役となって、会議や討議を促進し、メディア活用能力の育成にできるだけ多くの教員を巻き込んで全校的な広がりをもつように配慮することが望ましい。

（2）計画作成の手順

　メディア活用教育を推進する組織ができたら、さっそく全体計画立案に向けての検討に入る。まず、メディア活用教育が自校の教育にとってどのような意義をもつかを話し合って、学校の教育目標、教育課程、学校図書館などとの関連性を明らかにする。次に指導事項の精選と体系化をおこなう。教科指導、学級指導、特別活動、学校行事などとの関連性や児童・生徒の発達段階を考慮に入れて指導内容を選択し、学年配当を決める。この段階で指導方法や指導体制などについても検討しておく。特設授業方式でおこなう場合は、どのような時間を設定して年間何時間ぐらいをあてるのか。融合授業方式でおこなう場合は、おもに、どの教科の、どの単元でおこなうのか。総合的な学習の時間や高校の教科「情報」の授業などとは、どのような関連性をもたせるのか。たんなる支援にとどめるのか、融合するのか、あるいは統合の可能性はあるのか。また、誰がどの領域の指導を担当するのか。司書教諭がおこなうのか、教科担当教員がおこなうのか、あるいはチームティーチングでおこなうのかといった指導の分担についても話し合っておく。このように、必要に応じて教科や各部署との調整を図りながら検討をおこなったうえで、全体計画を作成し、職員会議に諮る。

　メディア活用能力育成の全体計画は、各学年での目標、指導内容、指導方法、

表2-2 甲南中学校「情報活用」学年別学習目標と学習内容

学年	1年	2年	3年
目標	情報収集力・情報整理力の育成、読書習慣の育成	論理的な思考力、情報分析力の育成	総合的な情報活用能力、問題解決力の育成
1学期	・図書館の利用の仕方 ・国語辞典の使い方 ・英語辞典・漢和辞典の使い方 ・図鑑の使い方 ・原稿用紙の使い方、文章のまとめ方 ・表のまとめ方 ・伝記を読む ・日本十進分類法、図書館での本の探し方	ディベート ・事実と意見 ・三角ロジック ・ディベートのルールと方法 ・メモの取り方 ・クラスで論題を決めてマイクロディベートでの演習	キャリア教育 ・職業の選択 ・情報収集、情報カードの書き方 ・インタビューの仕方、メモの取り方 ・ポスターの書き方 ・発表原稿の作り方、原稿用紙の使い方 ・発表
2学期	・メディアの特性 ・地名事典・人名事典の使い方 ・百科事典の使い方 ・統計情報を読む、グラフの作り方 ・調べ方のポイント ・ポスターの作り方 ・意見文の書き方 ・インターネットの利用 ・著作権、ネチケット ・本を読み、本の帯を作る。 ・「生きる」をテーマに読書感想文を書く	新聞の作成 ・新聞の読み方 ・テーマの設定 ・情報の集め方、まとめ方 ・新聞の作り方（情報の発信） ・著作権	キャリア教育 ・職業の選択 ・情報収集、情報カードの書き方 ・コンピュータでの発表の仕方 　（PowerPointの活用） ・発表原稿の作り方 ・発表
3学期	・情報の読み取り方、まとめ方 ・新聞を読む（「お誕生日新聞」を使って） ・テーマの決め方、グループ作業の進め方 ・壁新聞の作り方	ディベート ・情報の集め方、まとめ方 ・プレゼンテーション資料の作り方 ・グループでのディベート対戦	キャリア教育 ・職業の選択 ・情報収集、情報カードの書き方 ・レポートのまとめ方
通年	読書記録（年間12冊以上） 10分間読書	10分間読書	
教科書・教材など	プリント 校内植物観察ではデジタルカメラ使用 新聞は朝日「お誕生日新聞」を利用 大阪書籍「中学社会地理的分野」 学習研究社「中学保健体育」	プリント ビデオ『ディベート入門』	プリント HR・教育研究部・進路指導部との連携 OBワークショップ（土曜日の活用） 適性検査
評価の基準	・期限を守り、提出すること ・しっかり記入すること ・まとめに関しては自分なりの工夫をすること	・期限を守り、提出すること ・他人の発言をよく聞き、しっかり記入すること ・積極的に発言をすること ・論理の組み立てをおこなうこと	・期限を守り、提出すること ・自分のやることの進捗を自分で管理し、積極的に作業を進めること ・自ら課題を設定し、その解決に向けて努力すること

2-4 メディア活用能力育成の計画と評価

表2-3　甲南中学校「情報活用」中1のカリキュラム（指導者：米谷優子）

学期	授業コマ	火クラス	木クラス	ねらい		内容
1学期	1	火 4/15	木 4/17	授業目的の理解	教室	オリエンテーション「情報活用」授業の目的と内容
				情報と情報行動	教室	「情報」とは何か、情報媒体の種類と特徴
	2	火 4/22	木 4/24	図書館利用	教室	図書館の役割、甲南中・高図書館の概要
					図書館	図書館ツアー
	3	火 5/6	木 5/1	図書の種類、構成	教室	本の構成、書誌事項や索引・目次など
					教室	本の構成に関する演習
	4	火 5/13	木 5/15	図書分類1	教室	図書分類の説明
					教室	図書分類の演習
	5	A火5/20 B6/3	木 5/29	図書分類2	教室	図書の並び方・探し方
					図書館	図書分類と配架
	6	火 6/3 B6/10	木 6/5	参考図書1	教室	参考図書の種類と内容1（国語辞典、漢和辞典、時事用語辞典など）
					図書館	辞典を使った演習
	7	火 6/10 B6/17	木 6/12	参考図書2	教室	参考図書の種類と内容2（百科事典）
					図書館	百科事典利用の演習
	8	火 6/17 B6/24	木 6/19	参考図書3	教室	参考図書の種類と内容3（人名辞典、地名辞典）
					図書館	地名辞典・地図利用の演習
	8.5	火 6/24	木 6/26	参考図書4	教室	参考図書復習
					図書館	参考図書利用の演習
	9	火 7/1	木 7/3	1学期のまとめと夏休み課題	教室	夏休み課題の配布・説明
					教室	1学期のまとめ
夏休み	夏休み課題			図書館調査	各自	近隣図書館などの調査と利用
				情報カード	各自	まちについての調べ学習
				本の紹介	各自	読書

使用教材	方　　法	読書の時間（1学期は読み聞かせを実施）
プリント1「授業の進め方」	授業の流れ、求める姿勢の説明	
プリント2「情報とは何か」	「情報」の定義、さまざまな情報媒体とその特徴（「学習と読書」読解を宿題とする）	
「図書館の利用について」、プリント3「図書館の役割」	図書館の種類と役割、図書館にある資料、図書館利用について事前説明	『気まぐれロボット』から「まくら」
「図書館の利用について」、プリント4「図書館利用の確認」（演習）	司書さんによる説明・案内、図書館利用のきまり、配架の復習（プリント記入）	
プリント5「本の構成」	図書の種類、構成の解説	『おおえていろよおおきな木』
プリント6「図書の構成（演習）」	本のつくりに関する演習（目次、索引の使い方など）	
プリント7「図書の分類について」	図書分類の説明	『おきなわ島のこえ』
プリント8「図書分類クイズ」	分類記号の意味を考える、分類をつける演習	
プリント9「図書の探し方」	目録と書架の並び方解説	（なし）
プリント10「本の分類と資料の探し方（演習）」	図書分類を考えてから書架で該当の本を見つける演習	
プリント11「参考図書1　言葉を調べる辞典」	国語辞典、漢和辞典など辞典の種類と使い方についての説明	『金子みすず詩集』『半日村』
プリント12「ことばを調べる（演習）」	国語辞典、漢和辞典など辞典を使いながら、読みや意味などを調べる課題と問題作成の課題	
プリント13「参考図書2　百科事典」	百科事典の索引について利用説明	『ぼくのお姉さん』
プリント14「百科事典で調べる（演習）」	百科事典を使って、担当の課題（食べ物・国）を調べる	
プリント15「人物、地名を調べる辞典」	人名事典、地名辞典・地図などの使い方についての説明	『一きれのパン』前篇
プリント16「地理的なことがらを調べる（演習）」	担当市を決め、所在、市章、市の花、主産業、芦屋からの行き方など地名辞典・地図を使いながら調べる	
プリント17「参考図書のまとめ」	参考図書の種類と復習、統計補足	『一きれのパン』後篇
プリント「参考図書まとめクイズ特集」	語、外来語、人物とその出身地、漢熟語の読みと意味をそれぞれ調べる演習	
夏休み課題	夏休み課題の説明	『ガラスの地球を救え!』
復習テスト	図書館利用、分類、図書の構成、参考図書についての復習課題	
図書館調べシート	図書館に行きレポートを作成する	
調べシート	自分の住む市町について、市章、市の花、市名の由来、有名なものなど調べる	
本の紹介シート、BOOK LIST	自由に読書をし本の紹介をする	

学校図書館メディアとの関連などを盛り込むなど、各学校での検討内容に合わせて、さまざまなかたちをとりうるが、できるだけその学校でのメディア活用教育の概要が一覧できるように表形式をとるなどの工夫をするのがいいだろう。

(3) 具体的で柔軟性のある実施可能な計画であること

全体計画は、あくまでも学校のメディア活用能力育成の全体的な道筋を示す見取り図である。それは、実際の指導を細部にわたって規定するものではないし、たんなる理想を示すだけのものでもない。全体計画は、学校の状況の変化や授業の進行に合わせて柔軟に運用できるものであると同時に、実践に基づいて毎年評価・検討され、修正が加えられるべきものである。

2-4-3 メディア活用能力育成指導の評価

(1) 評価の意義

メディア活用能力の育成は計画どおりに実施されて、その目的を達したか。実施後の反省点や問題点は何か。メディア活用能力育成指導の評価は授業計画や全体計画に照らして、授業ごと、指導単元ごと、あるいは一定期間実施したあとにおこなわれる。そのさい、あらかじめ評価の項目と観点を明確にしておくことが必要である。場合によっては、計画そのものを評価項目として、その達成度を何段階かに分けて評価することもありうる。評価の結果は、今後の指導に向けて新たな計画を立てるための資料とし、施設・設備やメディアの整備にも役立てることが必要である。

(2) 評価の方法

メディア活用能力育成指導の評価は、さまざまな角度から、さまざまな方法でおこなわれることが望ましい。全体計画や年間指導計画はどの程度達成できたか。多くの教員の協力と理解が得られたか。学校図書館や司書教諭と教科担当教員との連携はうまくいったか。児童・生徒は課題探究のプロセスや情報探索のスキルをどの程度身につけたか。児童・生徒は主体的に学ぶ態度を身につけたか。うまくいかなかった場合は、どこに問題があったのか。このような項目について指導を受けた児童・生徒と指導をした教師の双方から評価データを集めて分析し、その結果は職員会議などで全教員に報告し、今後の改善に向けての話し合いへと発展させる。児童・生徒から評価データを集めるには、学習状況を観察したり、成果を提出・発表させたり、アンケートや感想文を書かせたり、面接によって感想を聞くといった方法がある。教師の立場からの評価と

しては、授業を担当した教師と直接話し合ったり、評価項目を示した質問紙に記入してもらったり、会議や反省会を開いて話し合うといった方法が考えられる。とりわけ、学校図書館の立場から全体計画の立案から実施にいたる全過程にかかわり、メディアの提供や指導の支援をおこなってきた司書教諭による評価は重要である。

【本章のまとめ】…………………………………………………………………………

　メディア活用能力の育成は、児童・生徒がメディアや情報を活用して、生涯にわたって主体的に学ぶ意欲とスキルを身につけることを目的として実施される。そのために、自らの課題を明らかにし、多様なメディアのなかから必要な情報を探し出し、その情報を活用し、結果を発信するという課題解決にいたるプロセスを体験的に学ぶことが必要である。その過程で児童・生徒は、情報の探し方やまとめ方などのスキルとともに、論理的思考力、情報の読み取り方、発想力、情報そのものや情報の利用法を評価する力などを身につけていく。

　メディア活用能力の育成は、司書教諭が学校図書館メディアを活用して授業担当の教員と連携しながら、学校教育のあらゆる機会をとらえておこなうことができる。その方法には、メディア活用能力を図書館独自のプログラムにしたがって指導する「特設授業方式」、教科指導のなかで指導する「融合授業方式」、個々の児童・生徒に対して必要なときに必要な指導をおこなう「個別指導方式」がある。いずれの方式を実施する場合でも、教科指導や児童・生徒の関心や問題意識と結び付いた指導を心がけたい。

　メディア活用能力の育成は、計画的に実施されるべきである。そのさい、学校全体の教育計画や教育課程、児童・生徒、地域社会の実態を考慮して、体系的・継続的な計画を立てる。実施の結果は多面的に評価し、今後の指導の改善やメディア環境の整備に生かすことが大切である。

◆参考文献

アメリカ公教育ネットワーク／アメリカ・スクール・ライブラリアン協会『インフォメーション・パワーが教育を変える！――学校図書館の再生から始まる学校改革』足立正治／中村百合子監訳、高陵社書店、2003年

アメリカ・スクール・ライブラリアン協会／教育コミュニケーション工学会共編『インフォメーション・パワー――学習のためのパートナーシップの構築　最新のアメリカ学校図書館基準』同志社大学学校図書館学研究会訳、同志社大学、2000年

今村秀夫編『学校での図書館利用教育――自立的学習者をそだてる』国土社、1995年

増田信一編『学び方を養う学校図書館――司書教諭の職務とサービス』学芸図書、2000年

第3章 レファレンスサービスと情報サービス

3-1 図書館における情報サービスとは何か

　図書館における情報サービスは、利用者と資料を結び付ける図書館の重要な機能である。図書館では多くの資料を収集・整理し、保存しているが、それらは利用されなければなんの価値も生み出さない。図書館は、ただの倉庫になってしまう。

　そこで図書館は、さまざまな工夫を凝らし、サービスとして利用者に提供してきた。それらのサービスのうち、利用者に情報や資料を提供するサービス、資料や情報を提供するための環境整備を情報サービスという。

　まず、利用者が自ら資料にアプローチするのを助けるため、さまざまな目録を用意し、資料の配置を工夫してきた。また、利用者の質問に資料によって回答するレファレンスサービス、主題や好みに沿って資料を紹介する読書相談などを人的サービスとしておこなう。さらには、直接利用者の要求がなくても、新着資料の紹介や、テーマに沿ったブックリストや調べ方を案内したリーフレットの作成など、利用者のニーズを掘り起こし、利用者が必要な資料を手にするための準備をおこない、利用者自身で資料や情報を探しやすい環境をつくる。

3-2 学校図書館の情報サービスの特徴と対象

（1）学校図書館の情報サービスの特徴

　学校図書館の目的は、各校における教育目標の実現に寄与することである。具体的には、児童・生徒の学習を援助し、教職員の教育活動を支援し、協働して学校の教育目標を達成する。したがって、情報サービスも、目的に合った方法でおこなわなければならない。サービス方針も各校の教育目標にのっとって決めることになる。

　また、学校図書館の利用者は、児童・生徒および教職員であり、サービス対象が不特定多数ではない。あらかじめニーズを探ることが容易にできるが、サ

ービスの方法は1人ひとりの利用者に合ったきめこまかな方法が必要である。教職員に対するサービスは、学校図書館からの一方的サービスではなく、教育的な効果を上げるために司書教諭や学校図書館担当者と教科・学級担任の連携やチームワークのもとに学校図書館の役割としてサービスを提供することになる。

(2) 児童・生徒に対する情報サービス

児童・生徒に対しては、その情報サービスがもたらす結果に留意して、どのようにおこなうかを決めなければならない。授業中におこなう図書館利用の援助、調べ学習におけるレファレンスサービスは、指導の要素が強くなるが、放課後などに児童・生徒が自主的に利用するさいのレファレンスサービスは、文字どおりサービスとしておこなうことも必要だろう。読書相談や読み聞かせなどは、楽しむことや自由な雰囲気をつくることも重要な要素である。

また、プライバシーに配慮しながらも、児童・生徒1人ひとりの成長や能力に合わせてレファレンスをおこなうことが重要であるし、一方では公平性にも留意しなければならない。

(3) 教職員に対する情報サービス

教職員は、学校図書館から一方的にサービスを受ける存在ではなく、協力して学校図書館サービスを構築しながら図書館の機能を十分に活用する立場にある。学校図書館を積極的に活用することが、図書館を活性化し、機能のレベルアップにつながる。児童・生徒に対する資料や情報の提供は学校図書館にどんどん要求するべきだが、有効なサービスを提供するためには、各教職員がどんな授業計画をもっているか、学校図書館にどのような対応を期待しているかなどを積極的に情報提供しなければならない。そのような環境をつくりだすために、学校図書館は教職員に対して情報サービスを提供し、学校図書館の機能に対する全校的な理解を得ることが望ましい。

3-3　学校図書館の情報サービスの種類と実際

学校図書館における情報サービスとしては、レファレンスサービス、読書相談、展示や行事などに加えて、インターネットや外部データベースを利用した新たな情報サービスが考えられる。ここでは、これまで図書館がサービスの実績をもち、すでに評価の定まっている情報サービスを取り上げる。

レファレンスサービスとは、利用者から寄せられる質問に対して、資料に基づいて回答するものであり、情報サービスの最も重要なものの1つと位置づけられる。

学校図書館においても、総合的な学習の時間や調べ学習、情報リテラシーといった新たな学習環境のなかで、レファレンスサービスはいっそう重要性を増すと考えられるが、実施にあたっては留意しなければならない点が多く、また、どのように十分な体制を整えるのか課題も多い。

まずここでは、公立図書館でのレファレンスサービスについて説明し、学校図書館でのレファレンスサービスのあり方を考える。

公立図書館では、来館者の質問や相談を受けて回答をおこなっているが、残念ながら一般にサービスが十分浸透しているとはいえない。司書教諭や学校図書館担当者のなかにも実際にサービスを受けたことの経験がない人も多いのではないか。しかし、今後公立図書館を児童・生徒に利用させたり、公立図書館との連携・協力をおこなったりするさい、レファレンスサービスは有効に活用したいサービスの1つである。そのために、学校側も司書教諭や学校図書館担当教諭を中心に、公立図書館のレファレンスサービスについて、十分に理解し、さらには学校図書館のレファレンスサービス充実に役立てたいものである。

3-3-1　レファレンスサービスの流れ

公立図書館ではレファレンスサービスをどのようにおこなっているのだろうか。利用者の質問を受けて回答にいたる流れは、図3-1のようになっている。流れに沿ってポイントを説明する。

（1）質問・相談の受付

レファレンスサービスは、まず利用者から質問・相談が寄せられることから始まる。来館者へのサービスのほかに、手紙や電話、eメールでの相談にも応じている図書館もある。読者の身近な公立図書館がどのように相談を受けているか確認し、有効に利用してほしい。

利用者から質問を受けたとき大事なことは、質問者と十分なコミュニケーションをとることである。このとき、質問内容を確認することはもちろんだが、その背景や調査ずみの資料や情報源、どの程度詳しい資料がほしいのかなどを確認する。

質問内容の確認はいちばん重要なことで、とくに子どもの場合は、十分な表

図3-1 レファレンスサービスにおける質問受付から回答の流れ

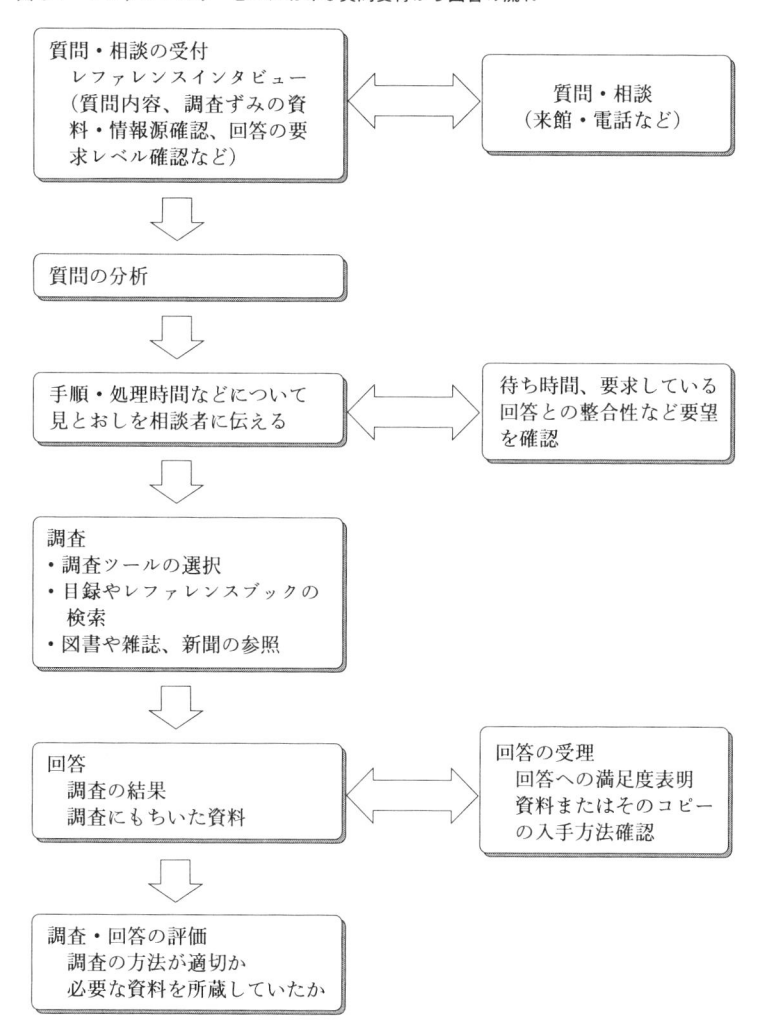

```
┌─────────────────────┐           ┌─────────────────┐
│ 質問・相談の受付      │           │                 │
│  レファレンスインタ   │◄────────►│ 質問・相談       │
│  ビュー(質問内容、    │           │ (来館・電話など) │
│  調査ずみの資料・     │           │                 │
│  情報源確認、回答の   │           └─────────────────┘
│  要求レベル確認など) │
└──────────┬──────────┘
           ▼
┌─────────────────────┐
│ 質問の分析            │
└──────────┬──────────┘
           ▼
┌─────────────────────┐           ┌─────────────────┐
│ 手順・処理時間などに  │           │ 待ち時間、要求して│
│ ついて見とおしを相談  │◄────────►│ いる回答との整合性│
│ 者に伝える            │           │ など要望を確認    │
└──────────┬──────────┘           └─────────────────┘
           ▼
┌─────────────────────┐
│ 調査                  │
│ ・調査ツールの選択    │
│ ・目録やレファレンス  │
│   ブックの検索        │
│ ・図書や雑誌、新聞の  │
│   参照                │
└──────────┬──────────┘
           ▼
┌─────────────────────┐           ┌─────────────────┐
│ 回答                  │           │ 回答の受理        │
│  調査の結果           │◄────────►│  回答への満足度表明│
│  調査にもちいた資料   │           │  資料またはそのコ │
│                       │           │  ピーの入手方法確認│
└──────────┬──────────┘           └─────────────────┘
           ▼
┌─────────────────────┐
│ 調査・回答の評価      │
│  調査の方法が適切か   │
│  必要な資料を所蔵して │
│  いたか               │
└─────────────────────┘
```

現できないことが多いので注意が必要である。「虫が載っている本はどこにありますか」と聞いてきても、実際に知りたいことはカブトムシの飼い方であることもある。

　質問の背景とは、その質問がどのようなことから発生したかということで、新聞記事に載っていた調査の詳細が知りたいとか、学校の課題として調べてい

るとか、仕事の資料として必要であるとか、というようなことである。発生の背景によって調査を引き受けるかどうかは各図書館で規定がある。一般的には、クイズの答えは調査しないし、学校の課題は調べ方の提示など限定的な回答になり、そのほか、医療や法律など判断を必要とする事項は資料や相談機関を紹介するにとどめるなどである。ただし、質問の背景についてはプライバシーや利用者の気持ちに留意する必要がある。

　質問の発生源（たとえば、新聞記事）は調査の手がかりになる。質問者の記憶があいまいなことも多いので、発生源がわかれば確認をするといい。また、調査を効率的に進めるため、すでに利用者自身で調査ずみの事典やインターネットのサイトなどがあるか確認しておく。

　さらに、回答は調べ方を提示すればいいのか、文献や情報の入手まで必要なのかなど、回答のレベルを確認しておくことも重要である。時間的な余裕についても確認しておく。すぐに回答が得られない場合は調査不要の場合もある。

（2）質問の分析

　利用者にインタビューしながら、質問を分析する。調査・回答からみると質問は表3-1のような種類に分けられる。このうち、①は自館の目録を調べるのがおもな調査活動になるので、見とおしはつけやすいが、そのほかは内容によって調査時間や難易度が変わってくる。基本のレファレンスブックや自館の目録を引きながら、調査の手順と回答の見とおし、調査所要時間などを利用者に伝える。とくに調査にかけられる時間の確認は重要で、その時間を超えて調査が終わらない場合は、利用者に再度確認しなければならないからである。

表3-1

①特定の図書や雑誌が図書館にあるかないかの確認
②特定の図書や雑誌をもっている機関はどこかの確認
③タイトルしかわからない図書などの出版社や著者を確認するまたは、雑誌の記事などから掲載誌を調査
④人名の読みや出来事の日時の確認など簡単な事実の調査
⑤特定のテーマに関する資料の紹介
⑥特定の事項について調査するさいの調べ方の案内

（3）調査と回答

　質問の内容によって調査を進める。①の場合は自館の目録を検索する。所蔵している場合はそこで調査が終わり、利用者に回答する。回答のさいには所蔵

しているということだけでなく、ラベルの番号や資料のあるフロアや棚番号もあわせて伝える。所蔵していない場合は、もう一度資料のタイトルや著者など（書誌情報）を確認し、他館の目録や出版目録を確認して書誌情報に誤りがないか確認する。利用者には、他機関の所蔵について調査を希望するか確認する。

②の場合は、上記の続き、または利用者がすでに自身でその館の所蔵について調査を終えている場合に発生する。また、一般には入手困難な資料、雑誌のバックナンバーや政府の報告書・答申、古い図書、外国語の資料などが多い。今日では、インターネット上に公開されている目録（Web-OPAC）の普及によって調査しやすくなっている。こういう情報も利用者に合わせて伝えたい。しかし、電子化されている情報だけがすべてではないので、冊子の目録など紙媒体の調査も重要である。調査前には書誌情報の確認が不可欠である。また、特定機関の所蔵ありと伝える場合は、あわせてその図書館での請求記号やIDナンバーなど、確実にその資料を示す情報も伝える。その利用者が所蔵機関に問い合わせたときできるだけ早く資料に行き着けるようにすることが重要である。

③の場合は、「特定の書名の図書を購入したいので出版社を調べてほしい」とか、雑誌記事のコピーをもってきて、「掲載誌を探したい」などである。これらの質問に対しては、出版目録や雑誌記事索引を検索する。この分野についてもインターネット上の情報は大活躍である。しかし、一方で2、3日前に見た黄色い本とか、あの書架の3段目にあったとか利用者の印象に基づく情報から質問されることも多い。所蔵する資料を十分に把握しておくことが大切である。

④の場合は、「必須アミノ酸は何と何か」とか、「日本で最初のノーベル賞受賞者は誰でいつ受賞したか」などがこれにあたる。百科事典や基本参考図書を調べることで解決する場合が多いが、適切な資料が見つからず意外に調査に手間どることもある。確定的な事実を資料で示すことができない場合は、⑤の文献紹介に回答方法を切り替える。

⑤の場合は、「認証保育所に関する資料はないか」とか、「カルロス・ゴーンに関する文献を探している」などである。分類や件名から自館の資料を探したり、雑誌記事索引などの書誌類を検索する。このとき重要なのは、探索する資料の範囲で、自館で所蔵していていま見られるものの範囲でいいのか、できるだけたくさんの資料についての情報が必要なのかを確認することである。

⑥の場合は、「村上春樹についてレポートを書きたいのだが、どのようにして資料を探したらいいか」とか、「朗読をしているのだが、固有名詞の読み方

を調べる方法を教えてほしい」などである。前者の例なら、著者目録の検索の仕方や作家研究を探すための人名件名の使い方、雑誌論文の探し方を伝える。後者なら、人名辞典や地名辞典など固有名詞の読みを調べるのに有効なおもだった辞典とその引き方などを紹介する。利用者が自身で考えながら調査を進められ、わからないことが出てくるたびに質問するわずらわしさから解放されるように、調査の道筋をわかりやすく示すことが重要である。

　どんな質問や相談に対しても、回答する場合には、根拠の資料名を示さなければいけない。資料によって調査・回答することが、レファレンスサービスの鉄則だからである。

（4）調査・回答の評価

　利用者から寄せられた質問や相談に対しては、回答が終わればサービスが終了になるわけではない。調査や回答に対して評価し、今後のサービスにフィードバックしなければならない。回答に対する満足度を推し量り、不足がある場合には今後の対応をどのようにするかを考える。十分な資料を提示できなかった場合には、質問の内容の需要からみて新たな資料を蔵書にするべきか、処理時間に問題があった場合には、調査の技術や検索ツールの準備に問題はなかったか、などを検討し対処する。そのほか、説明方法、質問相談の受付方法など接遇やサービスのシステムについての検討も年度や半期の単位では必要である。

（5）レファレンスサービスをおこなうために必要なこと

　（1）から（4）で説明した流れで利用者の質問・相談に答えるためには、入念な準備が必要である。公立図書館で、図書館員が利用者の質問によどみなく答えているように見えるが、それを可能にしているのは、「自館に所蔵している資料を熟知し、資料に効率的にアプローチする手段（レファレンスツールなど）を用意すること」「新しい資料や情報についてつねに情報を収集しつづけ、必要な資料を獲得すること」、そして「自館でカバーできない分野などについて、資料の所在情報、専門機関のサービス内容についての知識をもつこと」、などが組織的におこなわれているからなのである。レファレンスサービスは、図書館の各種のサービスや仕事のなかでも最も専門的知識や技術、ライブラリアンシップが要求されるものの1つである。

3-3-2　学校図書館でのレファレンスサービス

　では、学校図書館でのレファレンスサービスはいかにおこなわれるべきだろ

うか。学校図書館では学校での教育目標の実現に寄与し、児童・生徒の学習や成長を支援するためのサービスを考えるべきである。

　第1には、児童・生徒が学習上の課題を解決し、さらに自身で解決する能力を身につけるために有効なレファレンスサービスを実施しなければならない。そのためには、表3-1の⑥「特定の事項について調査するさいの調べ方の案内」を中心としたサービスを重視する。

　第2には、図書館の機能としてのレファレンスサービスを十分理解し体験させるために、必要なときに資料や調べ方について、司書教諭や学校図書館担当者に気軽に質問・相談できるような体制をつくることである。図書館に担当者が常駐できる場合はあまり難しいことではないが、各校の実態に合わせて、総合的な学習の時間の図書館利用時や放課後などのサービス体制を全校の協力のもとに考えなければならない。

　第3には、せっかく調べたのに十分な結果が得られないのでは、児童・生徒の興味や信頼を失ってしまう。学習内容に沿った資料については、さまざまなメディアを合わせて十分に所蔵するべきである。学習指導要領にある事項はもちろん、重点的に学習する事項、総合的な学習で取り扱う事項、修学旅行や課外活動、特別活動に関する事項についても全校的な調整を図って、資料収集をおこなう。さらに、オリジナルレファレンスツール（65ページ参照）を作成し、調査の道筋を示したり、資料や調査に対する興味を誘ったりすることが必要である。

　第4に、自館だけでの解決にこだわらず、公立図書館と連携協力を図り、有効に活用することである。蔵書の規模、サービス体制からいっても、児童・生徒、教職員からの質問相談をすべて解決するのは無理がある。とくに、教職員が新しい授業内容の準備をする場合は、所蔵資料ではまかないきれないことが想像される。学校図書館で準備している資料・情報の分野ではないと判断される質問や所蔵資料よりも多種の資料が必要な場合などは、公立図書館に依頼して調査してもらう。場合によっては資料の貸出を要請することも必要である。

（1）児童・生徒に対するレファレンスサービス

　児童・生徒からは、「アメリカの食べ物について知りたいのだが、何を調べたらいいか?」「芥川龍之介の作品を読んでレポートを書くのだが、参考になる資料はないか?」「家で飼っているウサギが子を産みそうなのだが、どうしたらいいだろう?」「ニュースでカタビラ川っていっていたけれど、どこにあるの?」、

などさまざまなことがらについて質問される。純粋に学校の課題に発している場合もあるが、個人的な疑問や生活のなかでの問題解決を求めている場合もある。

　まず、質問者の話を十分に聞くことが必要である。なぜそのことがらについて調べているのか、いままでにわかっていることは何か、本や雑誌は何を調べたかなど、質問者の話を聞く。ただし、質問者との信頼関係や質問者の特質に配慮し（これに配慮できるのは学校図書館ならではである）、児童・生徒が気軽にめんどうがらずに学校図書館を利用するように誘導する。これによって、調査の背景を知り、適切な調査や回答の方法、回答範囲を決めるのである。

①学習課題についてのレファレンスサービス

　学習の課題については、どのように回答するかに留意しなければならない。なぜなら、調べるという行為のプロセスを体験し、情報に対する技術を磨くことも学習の目的になっていることが多いからである。調べ学習での課題の場合は、そのものずばりの回答を示すことができるとわかっていても、調べる手順を示し、できるだけ児童・生徒自身によって調査が進められるようにしなければならない。直接回答を示すのではなく、調査に対する援助・指導といったほうがいいかもしれない。

　学校図書館では、適切な対応ができるようにどの学年のなんの教科でどのような調査の課題が出ているか把握しておく必要がある。また、1学級または複数の学級の児童・生徒が入れ代わり立ち代わり同じことがらについて調べに来ることもある。この点でも、教科・学級担任との連携は十分におこなわなければならない。

　アメリカの食物の事例に沿って述べれば、図書館の目録の引き方を指導し、アメリカの食物を調べるには、アメリカの事情に関する資料や料理の本、民俗学のなかの食物に関するものに関連資料があることを案内する。これらの資料にあたるさいは、図書の目次の使い方や索引の引き方も知らせる。さらに、資料にあたっていてわからない用語を調べる辞典や百科事典の使い方なども調査の進行に合わせて知らせていく。

　また、援助のさいは、その児童・生徒の調べものに対する技術のレベルや経験に配慮しなければならない。とくに、調査の経験の少ない児童・生徒や、学校図書館の利用経験があまりない児童・生徒には、きめこまかい援助が必要である。自分で調査をすることがいかに重要であるといっても、児童・生徒自身

が、調査が難しすぎると感じて途中であきらめてしまうようではいけない。一緒に目録を引いたり、書架をあたったり、実際に索引を調べて見せるなど、具体的な調査方法を示すことが重要である。

さらに重要なことは、満足できる調査結果が得られたかどうか確認することである。せっかく調査したのに、結果が得られないのでは、児童・生徒は意欲を失ってしまうし、それが誤った調査方法や資料選択の不適切によるものであれば、児童・生徒が調査にチャレンジした甲斐がない。

課題によっては、児童・生徒が最初に期待していた調査結果が得られない場合もある。それでも、十分な調査をして得た結論として児童・生徒が満足しているか、レポートや発表ができる材料を得ることができたかを確認し、調査活動の重要性や魅力を理解してもらうことが重要である。場合によっては、教科・学級担任に、児童・生徒が意欲的に調査活動をおこなった様子を伝えることも必要である。

②学習課題によらない質問

「家で飼っているウサギが子を産みそうなのだが、どうしたらいいだろう」というのは学校の学習課題によらない質問の典型の1つである。これらの子どもの生活から発せられた質問は、学校図書館の資料では回答することが難しい場合も多いのだが、このような質問が寄せられることは、学校図書館の機能がはたらき、児童・生徒に信頼されていることの証でもある。このような質問の場合は、とくに自分で調べたいという希望がなければ、結果を直接回答してもいい。質問に答えてくれることによって、図書館の有用性や自分の質問が尊重され、サービスされることの喜びを感じ、学校図書館にいっそうの信頼を寄せるのである。質問内容によっては、公立図書館に調査を依頼し、結果を取り次いでもよい。

(2) 教職員に対するレファレンスサービス

教職員から寄せられる質問としては「英語の教科書にナスカの地上絵についての記述が出てくるのだが、写真資料はないか」「キャッチセールスについての学習をするので、関連の新聞記事を集めてほしい」といったものが寄せられる。ナスカの地上絵はすぐに回答ができるが、新聞記事の収集などは一定の時間がかかるものである。教科に関する調査や資料収集については、年間の指導計画を立てるとともに学校図書館に知らせてくれるよう連携協力をとる必要がある。また、一方で、学校図書館は授業をはじめとした学習活動に寄与することが目

的なので、できるだけ教職員の要望に応える資料収集やレファレンスサービスをおこなうべきである。学校図書館ではすぐに準備できない資料については公立図書館の協力を求めることも必要である。

3-4　読書相談

　読書相談は、学校図書館ではとても重要なサービスである。その役割は公共図書館におけるそれよりも大きい。児童・生徒1人ひとりに対するきめこまかなサービスをとおし、読書活動をいっそう推進し、自主的な読書活動を支える。「何かおもしろい本」を求めて児童・生徒は学校図書館にやってくる。これに対して、各自の読書歴や嗜好に合わせて図書を紹介するのが読書相談である。「『宝島』がすごくおもしろかった。もっとこういうお話が読みたい」「お化けがでてくるお話はない？」「泣ける話がいいな。うんと切ない本ない？」など。読書相談は貸出カウンターやレファレンスデスクであらたまってというより、本を棚に返していたり、書架の整頓をしたりしているときにさまざまなかたちで、しかもさりげなく求められることが多い。ただ、コミュニケーションを求めているだけのこともあるようだが、少なくとも図書に関心をもっているので、児童・生徒から声をかけてきたときは自主的な読書が広がる大きなチャンスである。できるだけ、各人の嗜好に合っていて、少し世界が広がるような図書を紹介したい。そのためには、できるだけ多くの子どもの本や青少年用の図書を読み、他方では児童・生徒に関心をもっていることが必要である。あまり適切なものが考えられないときは、その旨を告げて、別のものを紹介してもよいが、情熱は伝えても押し付けにならないように配慮が必要である。

　また、本の感想や読みきったことへの思いを告げることが目的のときもあるようなので、じっくり話を聞くことが重要である。

3-5　展示

　新着図書を一定期間専用コーナーに並べること、テーマを決めて関連図書の展示をおこなうことも情報サービスである。一般の書架に並べられるとたくさんの資料のなかに埋没してしまう図書を展示することによってその存在を知らせ、読者と結び付けることができるのである。展示のさいには、ディスプレイ

に工夫をして、展示テーマに関係あるものを一緒に並べたり、ポスターや装飾に工夫を凝らしたりして、児童・生徒の興味を引くようにする。

3-6　そのほかの情報サービス

　新着図書リストや資料を案内したニューズレターの発行など印刷物の作成や掲示も大事な情報サービスである。図書館にどのような資料があるのかをふだん足を運ばない人にも知らせ、そこに有用な情報があることを知ってもらう。

　図書館の資料を検索するための目録の整備やオリジナルレファレンスツールの作成も重要な情報サービスである。これらは、担当者がサービスをおこなうときの補助になるものと、直接利用者に使ってもらうことを目的としたものとに分かれる。まず、図書館担当者用に作成して評価をしてから児童・生徒用に利用するといい。ブックリストやパスファインダーは目的に合わせて資料の紹介や調べ方の紹介をしたものである。内容や作成の仕方は第4章で述べる。

　このほか、読み聞かせやお話会、ブックトークも児童・生徒と資料を結び付けるための情報サービスといえる。読書の時間などにお話や読み聞かせをするのもいいが、放課後、月1回程度の自由参加のお話会をもつのもいい。読み聞かせというと小学校低学年を想定しがちだが、図書をよく選べば高校生でも楽しめる。絵本はもともと読んでもらうことによっていちばんよく楽しめ、理解できるという構造をもっている。また、朗読であれば対象の作品は広がる。会というかたちにしなくても、時間を決めてさりげなくおこなうと高校生などは聞いていないようで聞いている。図書委員会などを中心とした自主的な活動にしてもいい。

　情報サービスは、あらゆる機会をとらえて児童・生徒と図書をさりげなく結び付けるものにしたい。

【本章のまとめ】……………………………………………………………………

　この章では、学校図書館における情報サービスについて、レファレンスサービスを中心に述べた。とくに、図書館一般でのレファレンスサービスの流れを確認し、学校図書館におけるレファレンスサービスの特徴とあり方を確認した。レファレンスサービスの技術は、公立図書館などレファレンスサービスの実績をもつ図書館に学び、児童・生徒へのサービスだけでなく、教職員へのサービ

スを展開し、学校全体の教育目標達成に寄与する情報サービスを確立する一方、学校図書館における情報サービスの目的を考慮し、学習の支援となるようなサービスを構築していきたい。

第4章　レファレンスブックの利用

4-1　レファレンスブックとは何か

　あることを調べることを目的に作られた図書資料で、事典や目録などがその典型である。読みとおすことが目的ではないので、調べたいことに容易にたどり着けるよう配列や索引に工夫が凝らされている。何かを調査するとき使う資料だが、調査自体はレファレンスブックで最終回答までたどり着くとはかぎらない。レファレンスブックは、さまざまな資料を生かす道具であり、調査の道筋を探索するものである。また、レファレンスブックは高価なものであることが多い。学校図書館では、主題の図書をその学校の教育課程に合わせてまんべんなく収集する必要があるが、レファレンスブックは、その事項についてどの程度学習の対象になるのか、利用頻度はどうかなどを考慮し、資料を優先的に収集していくといい。りっぱな事典があるが、一般図書はほとんどないなどということがあってはならない。

4-1-1　レファレンスブックの機能
　レファレンスブックは、調査をおこなっている対象の事項についての知識を示すものと、その事項を調べるための資料を示すものの2種類がある。
　前者は、国語辞典や図鑑に代表されるもので、その資料にあたることで直接その事項に関する知識が得られる。また、調査をおこなっている事項そのものについての情報が得られなくても、その事項の背景や関連事項についての情報を得ることができ、調査を次のステップへ進めることができる。
　後者は、書誌と呼ばれるもので、『どの本で調べるか』（リブリオ出版）は、事項で検索すると、それを扱った資料の一覧が示される。また、『人物を調べる事典――どの人物をどうやって調べるか』（リブリオ出版）は、500人の人名のもとに、その人物に関する文献を子どもの本を中心に示すものである。これらの資料は、ある事項を調べるとき、関係資料を検索することができる便利なものである。しかし、資料を検索できても、その資料を実際に入手することが

できなくては、児童・生徒は調査を進めることができない。そればかりか、探し当てた資料がことごとく利用できないのであれば学校図書館への信頼をなくしてしまうかもしれない。児童・生徒に利用させる場合は十分な配慮が必要であると同時に、こういった書誌類を生かすために、各主題の図書を十分に用意しておかなければいけない。とくに、学校図書館の目的に留意し、各学年の総合的な学習のテーマ、教科の学習のなかで調査をおこなう単元やその内容、教科書や副教材を補う必要のある分野などについて積極的に資料を準備しておきたい。

　子どものためのレファレンスブックは、高校生向きのものまで含めてもそれほど多くのものが出版されているわけではない。全国学校図書館協議会で資料の選定のための基準を出しているが、1つのテーマについてのレファレンスブックが多数出版されていることは稀で、多少の難があっても必要な主題のレファレンスブックを使用せざるをえない。このようなものが必要であるという要望や使い勝手の悪さの指摘は、学校図書館で実際に資料を使用していくなかから出版社に意見を表明していきたいものである。

4-1-2　レファレンスブックの構造

　レファレンスブックは、その扱っている事項に対する調査を効率よく進めるために便利な構造をもっている。

　多くは目次、凡例、本文、索引や参考資料などから成り立っている。それらのはたらきを簡単に説明する。

（1）目次

　図書資料において、目次の重要性はもっと認識されていいものである。目次を見ることで、その資料がどういう事項を扱っているか、どのように編集されているかがわかる。似たようなタイトルをもつ資料でも、扱っている事項の範囲が違っていることもあるし、似たことがらを扱っていても編集の仕方によって、使いやすさや対象学齢が変わってくる。もちろん本文を十分に吟味することが必要だが、目次を俯瞰することによって、その資料の性質を理解することができるのである。

（2）凡例

　その資料がどのような方針・目的で編集されたかを示すと同時に、配列方法や項目の採用基準、項目の記述方法などを述べたもの。指導で重点的に紹介す

る事典類などはあらかじめ熟知しておきたい。子どものためのレファレンスブックは凡例の記載が少なくどのような基準で本文が構成されているのか不明なものが多い。調べ学習が重視されるなか、出版社にはその資料の学齢にあった凡例を記載することを望みたい。

(3) 本文

そのレファレンスブックが取り扱う事項について記述されている部分である。事典類であれば、項目の五十音順などの字順配列や、その分野の知識の体系順の項目順配列になっている。

本文は、事典類であれば、見出しによる項目によって記述されていることが多い。項目は、そのレファレンスブックの編集方針によって、大項目・中項目・小項目のいずれか、またはこれらを併用して記述されている。

大項目は、その事項を広く総合的に記述するので、その事項を概観するのに適している。また、多くの場合その項目1カ所にほぼまとまって記述されているので、何回も検索するわずらわしさがない。しかし、その事項のなかの小項目について知りたいときは、記述を読み込まなければならないので、不便な場合もある。子どもは、自分の知りたいことが見出しになっていないと満足しない場合もある。また、子どもは、その事項についてまとまった知識をもっていないことも多いので、項目中のどの部分を読めばいいかわからないこともある。

小項目の場合は、検索したことがらがずばり出てくるので、適切に検索できれば調べたいことについてすぐに知ることができる。ただし、適切に見出し語を選ばないとなかなか検索できないし、そのレファレンスブックが適切な見出し語を採用しているかが重要な問題になる。

中項目はその中間で、学習課程に沿って編集されたものにはこれを採用することも多い。

本文の記述は、児童・生徒に理解できるものでなくては、そのレファレンスブックを利用することができない。また、発達段階もあるので、編集方法によっては幼稚に感じたり、無用に難しく感じることもある。レファレンスブックを選択するときは、本文の正確さ、見出し語の適切さとともに、子どもが使いこなせるかについても考慮しなくてはならない。しかし、現実問題として、事項によっては児童・生徒の学齢に適さないレファレンスブックを利用しなければならないことも多い。ていねいな指導で補う必要がある。概して、小項目によるものは幅広く使えることが多い。1項目あたりの記述が短く、記述の難易

度はその事項の難しさによる場合が多いからである。

（4）索引

　図書は、本文をひととおりにしか配列することはできない。そこで、本文に採用されなかった語順に見出し語を並べ索引を作る。たとえば、年表は年代順に事項が並べられる。しかし、年代が特定できない場合などは、項目名から調べることも必要である。そこで、事項や人名の索引が用意される。また、見出し語にとられなかったが、本文のなかに記述される事項も索引にとられる。見出し語にはならなかった事項名や人名の索引を作って、本文中の記述に導くのである。中項目・大項目編集のレファレンスブックは、見出し語が少ないので索引がとくに重要になる。

　このように、索引はレファレンスブックで重要な役割を果たす。国語辞典など例外はあるものの、索引の完備していないレファレンスブックはその価値が半減してしまう。言い換えれば、とくにレファレンスブックの形式に作られていない図書でも、索引がよく作られている場合は、十分にレファレンス資料として活用できる場合がある。この点は、主題の図書資料の選択のさいに注意したいものである。

（5）そのほかの資料など

　索引のほかに、統計資料・図集・参考文献などの参考資料がついている場合がある。これらは、そのレファレンスブックをいっそう使いやすくするもので、参考資料が小さなレファレンスブックの役割を果たすこともある。

4-2　レファレンスブックの種類と特徴とその活用

4-2-1　百科事典

　百科事典は、あらゆる知識の分野から、用語を選択、項目としその項目（見出し語）のもとに解説を記述したものである。

　百科事典は、分野別に編集されたものと五十音順に項目が配列されたものの2種類がある。子どものための百科事典としては、前者に『新図詳エリア教科事典』（学習研究社）、後者に『総合百科事典ポプラディア』（ポプラ社）がある。子どものための百科事典は、あらゆる知識の分野といっても、小・中学校の学習領域が中心となる。

　分野別の特徴としては、①教科との密接な関係があるため、学校の学習に関

連した調べものでは使いやすい、②学校で学習の対象にならない子どもの文化などについての事項が盛り込まれにくい、③児童・生徒は調べたい事項を漠然とした形でしかとらえていないことが多いが、その分野の目次などにあたっているうちに、興味や調査事項を明確にすることができる、などがあげられる。五十音順のものの特徴は、①調べたい事項がはっきりしているときは直接的に検索できる、②検索語を何にしたらいいかわからない場合は、活用できない、③参照項目を次々と検索したり、新たに知った事項名を興味のままに検索したりしているうちに思わぬ発展があることもある。④調査事項が属する分野を意識しなくても調べることが容易で、日常的な子どもの疑問を調べるのに適している、などである。『ポプラディア』は、子ども向け五十音順大型百科事典であり、意欲的な編集である。気軽に検索する習慣をつけ、レファレンスブックの利用に慣れる機会に利用したい。後に一般向け百科事典の利用につながる資料である。

『新図詳エリア教科事典』は、教科と結びつけて巻を選べばいいので、教科学習に関する調査では大変使いやすい。基本的な学習事項を調べる際の基本的事典である。これに『ポプラディア情報館』（ポプラ社）の主題別事典で新しい事項や調べ学習の多い分野を補強することもできる。『ポプラディア情報館』は「人のからだ」「日本地理」など学習の基本となる主題と「世界遺産」「ごみとリサイクル」など新しい課題のものとが並行して出版されている。

小学校の学校図書館でも百科事典は子ども用に編集されたものだけでは不十分である。子どもの疑問は実に多様であり、項目数が不足であるし、記述も表現の方法、分量に限界がある。一般向きの百科事典『ニッポニカ日本大百科全書』（小学館）は所蔵したい。小項目で高学年からは十分一人で利用できる。また、子どもの調べ物を援助するときも、指導者がその事項を確認するにも大いに役立つ。中学・高校以上では、あわせて『世界大百科事典』（平凡社）、その他に『新世紀ビジュアル大辞典　増補新装版』（学習研究社）のような1冊本の手軽なものを用意したい。百科事典は大部であり、新しい事項や変化に対応しにくい。それらを補うものに1冊本の百科事典は大いに利用できる。さらに、それを補うものに、年鑑がある。子ども向けには『ジュニア朝日学習年鑑』（朝日新聞出版）、『表とグラフで見る日本のすがた』（矢野恒太記念会）などがある。そのときどきの社会情勢や統計資料を調べることができる。ここの統計資料は子ども向きのものでは限界があるので概略をこうした資料で調べ、詳細な資料

については公共図書館や統計局などのホームページを活用したい。

4-2-2　図鑑

　図鑑は、文章だけでは理解しにくい事物の形状などを図・写真・写生画などで説明して、各種の事物を同定・比較・検証し、視覚的に理解できるように編集された図書である。一般的に図鑑は、採集してきた植物の名称や種類を調べるといった利用のされ方をする。このとき、現物などの資料と図書のなかの図が比較・同定しやすいことが重要である。写生画は、特定の固体の図ではなく、その種の典型を表したり、特徴的な部分をクローズアップしたりするのに写真より優れている。しかし、ものによっては、写真で実物を示したほうがいい場合もある。資料選択のさいは、その目的に合った図が使用されているかに留意したい。

　また、図鑑はある事物がどんな形状をしているかを調べるのに使用される。このときは、事物の配列、索引の充実が重要である。実際の出版物では、図鑑という名称のほかに、「ビジュアル」とか「目で見る」とかいったタイトルが付されることがある。

　実際、採集物の検索・同定作業に使うためには、図鑑に相当数の項目が採用されていなければならない。植物や昆虫、魚介類など学習で観察や採集をするようなものについては、小学校の図書館でも保育社の原色図鑑のシリーズ程度は用意したい。また、『新版校庭の雑草』（全国農村教育協会）のように、コンパクトだが、学校の学習でおこなわれる観察に便利な資料もある。

　さらに、子どものための資料としては、学習図鑑がある。学習図鑑は、事物について検索し同定するだけでなく、その事項についての認識や知識をいっそう深めるための記述がなされている。調べたそのことがらのページを開くと関連事項や発展的な事項が書かれていていっそうの興味を引くようになっている。子どもたちが読書の対象として図鑑を好むのはこのためである。また、子どもは生活経験が少ないことから、あらゆることに対して図解されていることを好み、図や写真を読むことも巧みである。そこで、学習図鑑は、一般的レファレンスブックとして発行される図鑑の分野を超えて、さまざまな分野について、とくに小学校の教育課程となる事項について広く出版されている。学習図鑑は、同定や比較といった調査を目的とした利用には限界があるが、よくできた図は有効で、一般の調べものでもある事物の図を探すときには重宝したりする。児

童の興味を引き出しながら調べものの楽しさを味わう資料として有効に活用したい。

4-2-3　ことばの辞典

　ことばの意味や文字を調べる辞典は、最も基本的なレファレンスブックの1つである。国語辞典の利用指導は、小学校の国語の時間にあるが、学校図書館では学年にこだわらずいつでも調べることができるよう、低学年向きのものから揃えておきたい。少なくとも数種類のものを用意する。漢字辞典も、学習漢字辞典と漢和辞典の双方を用意しておきたい。そのほか、ことわざ辞典や四字熟語の辞典などことばの辞典は豊富に揃えておきたい。小学校でも英語の辞典が必須になった。小・中・高校とそれぞれにあった一般的な辞典を用意するとともに、事物を図解で表したようなものも用意したい。そうした資料は具体的にあるものや部分をなんと言い表すのか理解するのにおおいに役立つし、ことばに対する興味を喚起するからである。

　ことばの辞典は、国語や英語の学習に密接に関係する。国語科や英語科が推奨している辞典は学校図書館で見ることができるようにしておくことが必要である。教科の指導者と協議をしながら資料選定をおこなう必要がある。

4-2-4　人名辞典、地理辞典、地図など

　児童・生徒向けの資料はそれほど多く刊行されていない。人名辞典は、『教科書にでる人物学習事典』全8巻（学習研究社）、『コンサイス学習人名事典　修訂版』（三省堂）などがある。中学以上ならば、『朝日日本歴史人物事典』（朝日新聞社）も使いやすい。学校図書館での利用は地名辞典よりも地理辞典のほうが多いだろう。『郷土資料事典──ふるさとの文化遺産』全44巻（ゼンリン）などが役立つ。

　地図は、一般に子ども向けに出版されたものは、普通の意味での地図ではなく、絵地図でさまざまな事項を表したものが多い。副読本を図書室に複数種類置いておくことも必要だろう。しかし、正確な調査のためには『世界大地図帳』6訂版（平凡社）のような本格的な資料を1冊は用意したい。『日本地名地図館』（小学館）は、地名事典と地図を兼ね備えた図書である。地名を引くと同書に収録されている地図への参照が示されている。コンパクトなものでは、『平凡社アトラス世界地図帳』『平凡社アトラス日本地図帳』（ともに平凡社）も便利で

ある。

4-2-5 指導者のための便利なツール

　児童・生徒に対するレファレンスサービスは、読書相談と明確に切り分けられるものではない。子どもが「○○について知りたい」というときは、「○○についての本が読みたい」と求めていることもある。また、レファレンスブックだけでなく、子どものための資料について幅広く知識をもつことが、学校図書館での指導には要求される。そこで、子どものための資料についてのブックリストを紹介する。

　『本選び術——読みたい本が必ず探せる』(リブリオ出版)は、「生き方を考える」「日本の戦乱」「空想の世界」といったテーマごとに、読み物や物語を紹介したものである。その作品とテーマが子どもにとって合致するかは難しいところだが、作品は、書名や著者名のほかに、内容も紹介されているので、参考になる。直接子ども向けに書かれているので、パラパラと見るのも楽しい。

　『学校図書館基本図書目録』(全国学校図書館協議会、年刊)は小・中・高編に分かれていて、日本十進分類法による分野別の目録である。

　『図書館でそろえたいこどもの本』(日本図書館協会)は、絵本・文学・ノンフィクション編が出ている。公立図書館向けの目録だが、内容解説がついていて参考になる。

　『私たちの選んだ子どもの本』新版(東京子ども図書館)は、小冊子ながら、厳選された子どもの文学の目録であり、その解説は信頼できる。子どもの文学入門の際の読書リストに最適である。新しい資料を補完するものに『子どもの本リスト』がある。

　ノンフィクションでは、『科学の本っておもしろい』第1-4集(科学読み物研究会編、連合出版)は、子どものための科学の本の解説目録で、類書のあるものは読み比べをして、実験のものは実際におこなって選んでいる。丁寧な解説もついていて、資料選択はもちろんブックトークやブックリスト作りにも役立つ。新しい資料を紹介した『新科学の本っておもしろい』(連合出版)、さらに、調べ学習という視点で分野を広げたものが『しらべ学習の科学の本1000冊』(日本子どもの科学の本研究会編、連合出版)である。

　子どもの本研究会の『どの本よもうかな?』は、グレード別に子ども向けに書かれたもの(国土社)と、大人向けに書かれたもの(正・続編、国土社)がある。子ども向けに書かれたものは、クイズなどもあって、楽しい編集がされている。

『キラキラ読書クラブ』(日本図書センター)は、「魔女」「おとうさん」「探偵」など子どもが興味をもつ項目別に本が紹介された子どものためのブックガイドである。フィクション中心だが、項目によってフィクションも案内されている。子どもに向けた紹介文が楽しい読書への誘いとなっている。ほかに『キラキラ応援ブックトーク』(岩崎書店)もある。

これらのほかに公立図書館が作成するブックリストもある。『小学生にすすめる本』(調布市立図書館)、『羅針盤——高校生のためのノンフィクション49冊』(都立図書館)など、手軽な小冊子で公立図書館の長年のサービス実績を反映したものである。

4-3 オリジナルレファレンスツールの作成

残念ながら、学習に必要な情報のすべてが市販の出版物から得られるわけではない。こういった不足を補うため、また、調査の道筋を示し、学習をスムーズに進めるため資料を用意するといい。児童・生徒の多様な学習に答えるためには、その学校のカリキュラムや学習方針に沿ったオリジナルなレファレンスツールを作成する。レファレンスツールとは、レファレンスブック、カードやデータベース、ブックリストやパスファインダーなどレファレンスサービスに使用する多様な資料をさす。ここにいくつかのオリジナルレファレンスツールの作成方法を示す。

4-3-1 児童・生徒の作品

毎年決まった学年で学習をおこなう課題は、児童・生徒の学習の成果である作品が、次年度以降の児童・生徒の参考になることが多い。成果物を直接ファイルなどにまとめて学校図書館に資料として置いてもいいし、テーマと利用した参考資料をまとめたものを簡単なリーフレットにしてもよい。先輩の作品として児童・生徒は親しみをもつし、具体的な資料なので、参考にする児童・生徒にとっても学習の内容がつかみやすい。

これらを学校図書館の資料とするさいには、作品を作った生徒、指導した教員に事前に了解をとる必要がある。

4-3-2　新聞や雑誌の切り抜き

　図書資料は出版されるまでに時間がかかるため、時事的な問題、新しい問題を調査するためには不十分なことがある。一方、新聞や雑誌は新しい情報をいち早く報道し、しかも印刷資料であることから、事前に内容を確認できるなど扱いも容易である。また最近では、一般紙でも新聞を利用した学習に留意した編集をしていて、小学生が利用できるような記事も増えている。しかし、原紙をそのまま保存することはスペースの面で困難であるし、大量の新聞を扱って調査をするには相当の経験が必要である。そこで普段から学習に役立ちそうな記事、あるいはテーマを決めて新聞・雑誌の記事を集め、まとめておくといい。

　A4判あるいはB4判と台紙の大きさを決め、1枚に記事を1つずつ張る。複数の記事を張ると、調査に使うとき扱いが面倒になる。1枚ずつになっていれば、グループ学習のときに手分けをして読んだり、ほかの資料と照らし合わせたりするときに便利である。記事が大きければ、たたんで張ったり、縮小コピーを利用する。余白に、新聞名、記事の掲載された年月日、朝夕刊の別を記入する。後日、この記事を手がかりに調査をおこなうとき、日付はとても重要になる。左上にテーマ名を書き、ボックスファイルにファイルする（図4-1）。テーマごとにボックスファイルを変えると児童・生徒が自分で学習テーマを探すときなどに便利である。

　現在は、最新情報を得るのにインターネットを利用することが多い。これらの切り抜き資料は、インターネット検索の手がかり（検索語の選択やどんな機関のホームページを見ればいいかなど）になる。また、テーマ探しなど、じっくり考えるためには印刷されたもののほうがいい。図書室の全資料のように大量な情報をもとに絞り込んでいくのは児童・生徒にとって大変な作業である。コンパクトな記事切り抜きはいろいろな使い方ができるのである。

　しかし、毎日ていねいな切り抜き作業をおこなうのは大変である。学校のその年の研究テーマなどに関するものは別として、気軽に、気がついた記事を切り抜き、あとで見て不要なら廃棄すればいい。あくまでも手がかりとする資料なので、その記事の網羅的なファイルを作る必要はないからである。

4-3-3　ブックリスト

　毎年学習する事項、修学旅行や社会科見学の事前学習などについてはブックリストを作っておくといい。学校図書館の資料は通常分類順に並べられている。

図4-1　ボックスファイルによる資料の管理

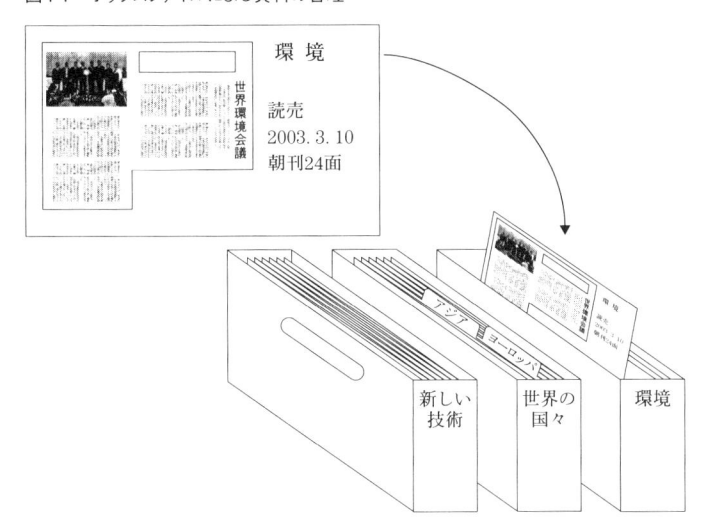

しかし、修学旅行の事前学習などは目的地の地理・歴史・産業など複数の分野にわたる学習をおこなう。書架もいろいろなところにあたらなければならないが、慣れない生徒には難しい作業である。そこで、横断的なテーマについてのブックリストを作っておく。このリストには、図書だけでなく、雑誌の特集、新聞の切り抜き、インターネットのホームページなどを総合的に紹介する。また、このリストを作ることによって学校図書館にどのような関連資料がどれぐらいあるか把握することができ、新しい資料の補充にもつながる。

　これらのリストは、児童・生徒用と指導教員用の2種類を作れば理想的である。学習の指導法、ねらいなどによってもリストの性質は変わってくる。リストを作る場合は、指導にあたる教員と協議し、どの程度の資料を載せるか、解説はつけるかなどを決める。

4-3-4　パスファインダー

　パスファインダーとは、ある事項を調べる道筋を示し、参考となる資料のリストを載せたリーフレットである。たとえば、新聞記事を調べるにはというパスファインダーを作成する場合は、調べる順序、資料のある場所を示す1枚の印刷物にする。

（1）調査対象の特定
・調べたい記事はいつごろのものか
・特定の記事が見たいのか、○○についての記事を探したいのか
（2）記事の探索法
・時期が特定できれば、縮刷版に目次があるのでそこで確認し本文を見る
・時期が確定できない場合は、ほかの方法で時期を特定し、縮刷版にあたる
　①古い記事ならば、年表や年鑑などほかの資料からあたる
　②新しい記事ならば、インターネットの新聞記事検索のページなどを利用する
　③2カ月以上前の記事でなければ縮刷版はないので、原紙をあたる
（3）資料の紹介
・学校図書館で見ることのできる新聞（紙名と保存期間）
・近くの公共図書館で見ることのできる新聞（紙名と原紙の保存期間、縮刷版、マイクロフィルムなどの所蔵状況など）
・新聞記事を調べるツール（読売ニュース総覧など）
・新聞記事検索に便利なホームページのURL

　以上のような項目を、対象の児童・生徒にわかりやすくA4判1枚にまとめる。イラストなども入れて、調べることに魅力を感じるような造りを工夫する。新聞記事の調べ方のように一般的なものは、公立図書館で作成している場合もある。また、レファレンスサービスについての図書などにも事例があるので参考にするといい。こういったものの作成は、公立図書館と連携協力してできるのが理想である。一般的なかたちを公立図書館が作り、その応用で、各校がオリジナルなものを作っていくようになりたいものである。

【本章のまとめ】……………………………………………………………………

　本章では、レファレンスブックの構造と種類およびその特徴を述べた。インターネット上の情報やCD-ROMなど、電子メディアがレファレンスツールとして普及しているが、図書は、扱いやすく、親しみやすく、図書室の環境に左右されない基本的なレファレンスツールである。また、レファレンスブックの利用は、情報リテラシーの基礎的な習得に有効であり、児童・生徒に利用の機会を多くつくりたいものである。

　レファレンスブックは高価なこともあり、その特性と質を見きわめて、蔵書

に加えたい。

◆参考文献
朝日新聞社編『朝日日本歴史人物事典』朝日新聞社、1994年
安在邦夫ほか編『コンサイス学習人名事典　修訂版』三省堂、1989年
岩瀬徹／川名興／中村俊彦共著『新校庭の雑草』全国農村教育協会、1998年
梅棹忠夫ほか監修『世界大地図帳　6訂版』平凡社、2003年
梅棹忠夫ほか監修『平凡社アトラス世界地図帳』平凡社、2005年
梅棹忠夫ほか監修『平凡社アトラス日本地図帳』平凡社、2005年
科学読物研究会編『科学の本っておもしろい』第1-4集、連合出版、1996年
科学読物研究会編『新科学の本っておもしろい』連合出版、2003年
『教科書にでる人物学習事典　増補新版』全8巻、学習研究社、1998年
『郷土資料事典――ふるさとの文化遺産』全47巻、ゼンリン、1998年
キラキラ読書クラブ編『キラキラ読書クラブ』日本図書センター、2006年
キラキラ読書クラブ編『キラキラ応援ブックトーク』岩崎書店、2009年
金田一春彦／石毛直道／村井純監修『新世紀ビジュアル大辞典　増補新装版』学習研究社、2004年
子どもの科学の本研究会編『しらべ学習の科学の本1000冊――しらべてみようやってみよう』連合出版、1999年
『新図詳エリア教科事典』全11巻、学習研究社、1994年
『世界大百科事典　改訂新版』全35巻、平凡社、2007年
全国学校図書館協議会基本図書目録編集委員会編『学校図書館基本図書目録』全国学校図書館協議会、年刊
『総合百科事典ポプラディア』全12巻、ポプラ社、2002年
東京子ども図書館編『私たちの選んだ子どもの本』東京子ども図書館、1991年
東京子ども図書館編『子どもの本のリスト』東京子ども図書館、2004年
図書館資料研究会監修『本選び術――よみたい本が必ず探せる』小学校版・中学校版、各5巻、リブリオ出版、1995年
図書館資料研究会編『どの本で調べるか――調べたい本がかならず探せる』小学校版、リブリオ出版、1997年
日本子どもの本研究会編『どの本よもうかな？』全3巻、国土社、2000年
『日本大百科全書　ニッポニカ最新増補版』全26巻、小学館、1984－97年
日本図書館協会児童青少年委員会児童基本蔵書目録小委員会編『図書館でそろえたいこどもの本』日本図書館協会、1997年
年鑑事典編集部編『ジュニア朝日学習年鑑』朝日新聞出版、年刊
『ポプラディア情報館　日本地理』ポプラ社、2005年－
増田信一編『人物を調べる事典――どの人物をどうやって調べるか』リブリオ出版、1990年
矢野恒太記念会編『日本のすがた2003』矢野恒太記念会、2003年
総務省統計局「なるほどデータforきっず」(www.stat.go.jp/kids/)

第5章　情報サービスの新しい展開

5-1　情報サービスの意義

　情報サービス（information service）とは、情報を求めている図書館の利用者に対して、図書館が適切な情報を探し出し提供するサービスのことである。情報サービスについては、以下に示すように3つの異なる見解がある。

①情報サービスは、レファレンスサービスと同義語である。
②電子情報源の活用、ほかの情報提供機関などとの連携により、レファレンスサービスを高度にあるいは積極的に進展させた各種のサービスだけをさして、情報サービスと呼ぶ。
③図書館が情報提供機関であるという前提から、図書館が提供するすべてのサービスを情報サービスと呼ぶ。

　本章では、これら3つの見解のうち、2番目の見解から、学校図書館と情報サービスについて述べる。
　さて、近年の学校図書館は、たんに資料だけではなく情報の提供機関としても発展しつつある。その背景として、①データベースやインターネットを利用して関心のあるテーマの最新情報を入手したいという利用者のニーズが年々強くなってきたこと、②ミレニアムプロジェクト「教育の情報化」（2000年度から開始）などを契機として、学校におけるコンピュータの整備やインターネットの接続が推進されつつあること、などをあげることができる。
　学校図書館では、館内で利用者がインターネット端末を使用して自由に検索できたり、CD-ROMやDVD-ROMなどの百科事典をはじめとする各種データベースを検索できるように、情報環境の整備が進められている。
　データベースやインターネットを利用した情報検索は、情報サービスの一種である。さらに、利用者からの情報要求に対して、自館の情報源やインターネットなどのネットワーク上の電子情報源を利用しても回答が難しい場合に、ほ

かの情報提供機関や各種の専門機関に直接問い合わせて適切な情報を入手したり、利用者の情報要求にふさわしい専門機関を紹介することを、レフェラルサービス（referral service）と呼ぶ。レフェラルサービスも情報サービスの一種である。

以下で、データベースやインターネットを利用した情報検索、レフェラルサービスについて順番に説明する。さらに、今後の学校図書館が情報サービスを効果的におこなううえで、ホームページをいかに構築すべきかについて論じる。

ミレニアムプロジェクト「教育の情報化」

わが国で2000年度から開始されたプロジェクトであり、文部科学省では主として以下に示すような施策をめざしている。

①公立学校のコンピュータ整備

2005年度を目標にすべての小・中・高校などにおいて、各普通教室に2台のコンピュータとプロジェクター、特別教室用に各学校6台のコンピュータを増設する。なお、小学校のコンピュータ教室のコンピュータを現在の2人に1台から1人に1台となるように増設する。

②公立学校のインターネット接続

2005年度を目標に、すべての小・中・高校などが、各教室の授業においてインターネットにアクセスできるようにする。

③公立学校の校内LANの整備

学校内における情報の共有化および有効活用を図るために、学校内に配置されたコンピュータをネットワークで結び、校内LANを整備する。

5-2　データベースやインターネットを利用した情報検索

マルチメディアの登場とともに、データベースの範囲も広がりつつある。現在のところ、以下のような基準を満たしているデータの集まりをデータベースと定義するのが自然である。

①特定のテーマに基づいて、データを体系的に整理または整理のつく状態で保存したもの。すなわち、階層だったりリンクだったり、何らかの構造化された仕組みが備わっているもの。

②データの集まりのなかから必要なものだけを指定して、情報の部分データと

して取り出せるもの。
③パソコンや携帯情報端末などのコンピュータ機能を備えている情報端末機器で検索可能な形態になっているもの。

データベースの分類にはいくつかの観点がある。代表的なものとしては、図5-1に示すように、①データの形態別、②提供形態別、③データの分野別、④用途別、などによる分類がある。(1)

図5-1　データベースの分類

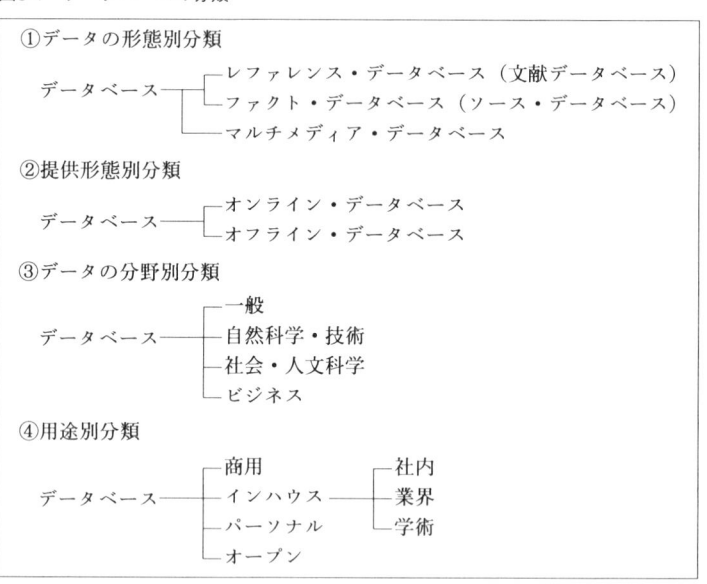

```
①データの形態別分類
                    ┌─ レファレンス・データベース（文献データベース）
        データベース ─┼─ ファクト・データベース（ソース・データベース）
                    └─ マルチメディア・データベース

②提供形態別分類
                    ┌─ オンライン・データベース
        データベース ─┤
                    └─ オフライン・データベース

③データの分野別分類
                    ┌─ 一般
                    ├─ 自然科学・技術
        データベース ─┤
                    ├─ 社会・人文科学
                    └─ ビジネス

④用途別分類
                    ┌─ 商用        ┌─ 社内
        データベース ─┼─ インハウス ─┼─ 業界
                    ├─ パーソナル   └─ 学術
                    └─ オープン
```

データの形態別分類で、レファレンス・データベース（文献データベースともいう）とは、書籍、論文、雑誌記事などの各種文献の書誌的事項（タイトル、著者名、掲載誌など）や抄録（アブストラクト）など二次情報を収録したものである。一次情報への案内を目的として、レファレンス・データベースは作成されている。一方、ファクト・データベース（ソース・データベースともいう）とは、数値や文献の全文（フルテキスト）などの一次情報そのものを収録したものである。さらに、マルチメディア・データベースとは、文字情報・数値情報・画像情報・音声情報など性格の異なる情報を一元的に処理・管理して、相互に関連づけて検索でき、検索結果を複数のメディアで表示できるデータベースのことである。

提供形態別分類で、オンラインとは、データベースを構築したホストコンピュータと検索用の端末機（パソコンなど）を通信回線などのネットワークで結び、情報検索をおこなう形態である。オフラインとは、ネットワークを介さずに、CD-ROM、DVD-ROM、フロッピーディスクなどで提供されたデータベースを使って、情報検索をおこなう形態である。そのため、パッケージ型と呼ばれることもある。

　データの分野別分類とは、収録されているデータのおもな内容による分類のことである。「一般」とは、「新聞／雑誌／ニュース」「娯楽／レジャー／施設案内」「人物／機関情報」「辞書」「地図」などを含んでいる。「ビジネス」とは、「市場／商品」「企業財務／企業情報」「会計／経営」などを含んでいる。

　用途別分類で、商用データベースは利用に応じて料金を請求されるが、原則として利用者の制限はない。インハウス・データベースとは、企業内あるいは業界内などで構築され、利用においてもその範囲内の利用者に限定されるものである。パーソナル・データベースとは、個人が自分用に作成し利用するものである。また、現在インターネットの利用率が高まりつつあるが、インターネット上のホームページなど、WWW（World Wide Web）上で利用可能な多くの情報も、データベースの一種である。WWW上の情報は、利用者が広範囲にわたることから、オープン・データベースと呼ばれている。

　以上が、データベースの概要である。これらのさまざまな種類のデータベースには、学校図書館が利用者への情報提供のために使用するものと、CD-ROMやDVD-ROMなどの形態で利用者に提供し利用者自らが館内で自由に検索できるものとがある。どのような利用形態であっても、データベースやインターネットを利用した情報検索は、学校図書館の情報サービスにとって必要不可欠なものである。

(1) オンライン検索

　オンライン検索はCD-ROM検索などのオフライン検索と比べて、つねに最新の情報を入手できるという長所もあるが、一方で通信回線使用料やデータベース使用料などコストが高いという短所もある。各学校図書館では、利用目的、利用頻度、検索を実施するのは利用者なのか検索に習熟している教職員なのか、などさまざまな点に配慮して、オンライン検索なのかオフライン検索なのかをそのつど使い分ける必要がある。

　学校図書館では、オンライン検索を実現するにあたって、各種のデータベー

ス作成機関が作成しているデータベースの主題・機能・操作性・コストなどを比較・検討したうえで、導入すべきデータベースを決定し、検索費用についての予算措置を講じる必要がある。

(2) CD-ROM 検索などのオフライン検索

近年学校図書館では、CD-ROM や DVD-ROM などのデータベースを収集し、検索のために業務用や利用者用のコンピュータ端末を整備しているところが増えている。

CD-ROM とは Compact Disk-Read Only Memory の略で、すなわち読み出し専用の記憶装置である。文字にすると約3億字以上、新聞記事であれば朝刊と夕刊をあわせて約1年分をすべて格納できるだけの容量がある。このように大容量でありながら、直径12センチの円盤というコンパクトで扱いやすい形態であることから、1980年代に CD-ROM が出現して以来、CD-ROM データベースはオフライン・データベースの代表格として位置づけられている。なお最近では、マルチメディア・データベースの普及にともない、CD-ROM では複数のディスクでマルチメディアとして提供されるのに対して、1枚のディスクで提供できるさらに大容量の DVD-ROM などの普及も著しい。

以下に、オンライン・データベースと比較した CD-ROM データベースなどのオフライン・データベースの長所と短所について述べる。

【オフライン・データベースの長所】

①検索方式としてメニュー検索方式が用意されているため、情報検索の初心者であっても、比較的容易に検索できる。

②通信回線を使用しないので通信回線使用料がかからないこと、検索頻度などに応じてデータベース使用料を支払う必要のないことなどから経済的である。

【オフライン・データベースの短所】

①データの更新頻度が年1回から年4回程度であるため、最新情報の入手が難しい。

② CD-ROM、DVD-ROM など大容量の記憶装置であるとはいえ、1枚のディスクに格納できる記憶容量には限りがある。

CD-ROM や DVD-ROM に格納されているデータベースの代表例として、デジタル百科事典（Digital Encyclopedia）をあげることができる。デジタル百科事典のなかには、オンラインで提供されているものもある。現在、国内外を問わず、多くのデジタル百科事典が発行されている。教育上の観点などから、どのデジ

タル百科事典を学校図書館に導入すべきかについては、あらかじめ十分な検討が必要である。

デジタル百科事典について、5人の教育者によるチーム（学校図書館のメディアスペシャリスト2人、公共図書館の図書館員、コミュニティ・カレッジの図書館員、スペイン語と英語が話せる語学教師が各1人）が、12種類のデジタル百科事典について、記事の量、利用のしやすさ、すぐれた特徴があるのか、読書レベル、および更新頻度の5項目から評価をおこなった。表5-1は、その結果について、各項目の評価および総体評価を5段階評価で示したものである。なお、デジタル百科事典が提供されている形態（フォーマット）についても、念のため表5-1に示す。これらの12種類のデジタル百科事典のうち、第1位にランクづけされ

表5-1　デジタル百科事典の評価

デジタル百科事典の名称	フォーマット	記事の量	利用のし易さ	特徴	読書レベル	更新頻度	総体評価
①World Book Encyclopedia Online American Edition	オンライン	5	5	5	4	5	4.8
②Microsoft Encarta Encyclopedia Reference Library 2003	DVD	5	4	5	4	5	4.6
③World Book Deluxe Edition Encyclopedia	CD-ROM	5	5	4	4	4	4.4
④New Book of Knowledge	オンライン	4	5	4	4	4	4.2
⑤2002 Grolier Mutimedia Encyclopedia-Deluxe 2-CD Edition	CD-ROM	5	4	5	4	3	4.2
⑥Grolier Multimedia Encyclopedia Online	オンライン	5	4	4	4	4	4.2
⑦Encyclopedia Americana 3.0	オンライン	4	4	4	4	4	4.0
⑧Britanica Online School Edition	オンライン	4	4	4	4	4	4.0
⑨Encyclopædia Britannica 2003 Ultimate Reference Suite	DVD CD-ROM	4	4	4	4	3	3.8
スペイン語の百科事典							
⑩ Enciclopedia Estudiantil Hallazgos en linea	オンライン	4	5	4	4	3	4.0
⑪Hispanica 2001-2 CDs	CD-ROM	4	3	4	4	4	3.8
⑫Nueva Enciclopedia Cumbre en linea	オンライン	4	4	3	4	3	3.6

たのは、World Book Encyclopedia Online American Editionである。これは、読書レベルがあらゆる学年のレベルに対応していること、記事の質がよいこと、利用しやすいこと、最新情報をタイムリーに提供していること、付加的な情報源が役に立つこと、教室・学校図書館・自宅からのアクセスが可能であること、など多くの長所をもっている。(2)

わが国でも、今後は学校のカリキュラム、児童・生徒のニーズなどを配慮したうえで、デジタル百科事典の導入にあたり複数の観点からの評価および検討が必要である。

(3) インターネット検索

インターネットとは、アメリカ国防省の研究機関のネットワークであるARPANET(1969年に開始)を起源としている。全世界共通の通信プロトコル(情報通信をおこなううえでの取り決め)で相互接続されているため、インターネットはネットワークのネットワークとしての性格をもっている。現在のインターネットの骨格ができあがった85年当時は、研究者による学術的な利用に限られていた。90年代なかごろから、企業などによる商用ベースの利用もおこなわれるようになってきた。現在、インターネット上では、さまざまな種類の情報が発信され、またさまざまな立場の利用者が日常的に情報検索をおこなっている。

インターネット先進国であるアメリカでは、近年 the Pew Internet & American Life Projectが、およそ2,000人のミドルスクールやハイスクールの生徒を対象に、インターネットの利用に関する調査を実施した。その結果、78パーセントの生徒が、調べものなどをおこなうために好んでインターネットを利用していることがわかった。また、生徒から、インターネットへのアクセスについて学校では制限が多すぎるなどの意見も寄せられた。(3)

わが国でも、2000年度から開始されたミレニアムプロジェクト「教育の情報化」などにより、文部科学省ではすべての公立学校のインターネット接続という施策をめざしている。(4)このようなことから、インターネットの利用による情報サービスは、わが国の学校図書館でも今後ますます盛んになることが予想される。

インターネット検索を情報サービスのなかで積極的に活用するためには、成人向けだけではなく児童・生徒向けのディレクトリやサーチエンジンについても、あらかじめその特徴や適用範囲をよく理解しておく必要がある。海外の児

童・生徒向けのものとして、以下のものが紹介されている。⁽⁵⁾

①ディレクトリ

・「Kids Click!」（http://www.kidsclick.org）

　ハイスクールの生徒を対象にして、約7,000サイトのコレクションを含む。図書館員によって作成され、更新されている。

・「Multnomah County Library Homework Center」
（http://www.multcolib.org/homework）

　第12学年までの児童・生徒および教師のリクエストに応えて選択されたサイトのコレクションである。これらの利用者にとっては利用しやすい。情報活用能力の育成のためによい教材が含まれている。またスペイン語によるホームワーク支援のためのサイトが、コレクションのなかに少しだけある。

・「700+ Great Web Sites」（http://www.ala.org/parentspage/greatsites）

　第8学年までを対象としたサイトについてのALA（American Library Association：アメリカ図書館協会）によるコレクションである。ほかの児童向けのディレクトリでは見つけることのできない芸術・伝記・文学についてのサイトを、いくつも含んでいる。スペイン語のサイトも若干ある。

②サーチエンジン

・「Alta Vista」（http://www.altavista.com）

　生徒が「上級の検索」（Advanced Search）や「メディア検索」（media-search）のページを利用するさいに、最も有益である。

・「Ask Jeeves for Kids」（http://www.ajkids.com）

　生徒が標準的な質問に対する回答を探しているときに、「自然言語」検索（"natural language" searching）が手助けとなりうる。

・「Google」（http://www.google.com）

　成人によっては利用されないが、児童は好んで利用する。「上級の検索」は、とても価値がある。

・「Yahooligans」（http://www.yahooligans.com）

　1996年に「Yahoo!」と一緒にインターネット上に置かれた。児童のために安全なWebディレクトリを作成しようと最初に試みたもののひとつである。児童・生徒のニーズに幅広く対応するために、Web上の情報源を多く採用している。

　わが国でも、「こねっと goo」（http://www.nier.go.jp）、「Yahoo! JAPAN きっず」

(http://kids.yahoo.co.jp）などのサーチエンジンがある。

　これらのディレクトリやサーチエンジンについては、利用者の学年、利用者からの質問内容などに応じて、そのつど適切なものを選択して、情報サービスに活用することが望ましい。

5-3　レフェラルサービス

　レフェラルサービスとは、利用者からの情報要求に対して学校図書館で調査した結果が十分ではない場合に、該当の分野の適切な専門機関に照会して利用者の必要な情報を入手して提供するサービスのことである。また、そのような専門機関を利用者に紹介するサービスも、レフェラルサービスの範疇に含まれる。

　学校図書館でレフェラルサービスを円滑におこなうためには、以下の点に留意する必要がある。

①地元の公共図書館は、郷土に関する情報や地域にある専門機関についてのさまざまな情報をもっている。そのため、レフェラルサービスの糸口をつかむうえで重要であるので、その正式名称、所在地、電話番号、サービス内容、開館日や開館時間、ホームページのURLなどを、最初に確認しておく。

②利用者からの問い合わせにいつでも答えられるように、公共図書館などをはじめとして、各種の情報を収集し提供している地元の専門機関をあらかじめ調査する。調査した機関の正式名称、所在地、電話番号、専門分野、サービス内容、ホームページのURLなどを、リソースファイルのかたちで作成し保存しておく。

③リソースファイルに記載されている専門機関に対して、学校図書館が利用者の求めている情報について問い合わせをしたり、学校図書館が利用者を紹介した場合には利用させてくれるのか、事前に許可や確認をとっておく。さらに、もし利用させてくれるならばどのようなサービスを提供してくれるのか、はっきりさせておく。

④利用者からの情報要求に合いそうな専門機関を利用者に紹介するさいには、リソースファイルを示しながら提供される情報の範囲やサービス内容について、あらかじめ正確に伝えておく。

⑤紹介のさいには、レフェラルサービス受付票というフォーマット（各学校図

書館で作成のもの）に記録をきちんととっておくことが重要である。後日、利用者から同様の情報要求があった場合に、また、専門機関から紹介した利用者について問い合わせがきた場合にも、記録に基づいて迅速かつ適切な対応が可能となる。

5-4　学校図書館のホームページ活用による利用者への情報提供

　今後の高度情報通信ネットワーク社会では、学校図書館が利用者へ積極的に情報を提供するうえで、ホームページを活用することが望ましい。学校図書館のホームページにどのような内容（コンテンツ）を備えるべきかという観点から、最近の研究でシーライ・コンテンツ・モデル（CIRRI Contents Model）が望ましいコンテンツモデルとして提案されている[6]。本節では、おもにシーライ・コンテンツ・モデルについて述べる。

　まず、学校図書館のホームページが備えるべき機能として、次の5種類の機能があげられる。
①広報機能
　広報活動の観点から、利用者に利用案内、行事、最新のニュースなど、学校図書館についての情報を提供すること。
②レファレンス機能
　利用者自らが必要に応じて調べものをおこなえるように、WWW上のレファレンス資料を利用者に提供すること。
③教育支援機能
　教育活動の一環として、児童・生徒の学習や宿題を支援するような情報源を利用者に提供すること。
④研究支援機能
　教育研究の観点から、教職員の研究活動を支援するような情報源を利用者に提供すること。
⑤統合機能
　上記の4つの機能を統合し強化するものとして、学校図書館の使命や方針を明文化したもの、学校図書館に問い合わせをするさいの連絡先の情報、最新の更新日など学校図書館のホームページに関する情報を提供すること。

　そこで、学校図書館のホームページがこれらの機能を実現するためには、コ

ンテンツとして、コア・コンテンツ（Core Contents）、インフォメーション・ツール・コンテンツ（Information Tool Contents）、レファレンス・ツール・コンテンツ（Reference Tool Contents）、リサーチ・ツール・コンテンツ（Research Tool Contents）、インストラクショナル・ツール・コンテンツ（Instructional Tool Contents）の5種類のコンテンツを備えていることが必要である。

　コア・コンテンツとは、学校図書館のホームページとして備えるべきコアとなるコンテンツである。インフォメーション・ツール・コンテンツとは、広報活動の観点から、利用者に学校図書館についての情報を提供するためのコンテンツである。レファレンス・ツール・コンテンツとは、学校図書館や地元の公共図書館などのWeb-OPACやインターネット上の豊富なレファレンス資料などを、利用者に提供するためのコンテンツである。リサーチ・ツール・コンテンツとは、教職員などに教育研究上必要な情報を提供するためのコンテンツで

表5-2　シーライ・コンテンツ・モデルの構成要素と内容

構成要素	内容
①コア・コンテンツ （Core Contents）	（ⅰ）学校図書館の使命と方針 （ⅱ）学校図書館への連絡情報 （ⅲ）ホームページに関する情報
②インフォメーション・ツール・コンテンツ （Information Tool Contents）	（ⅰ）学校図書館の利用案内 （ⅱ）学校図書館の利用規則 （ⅲ）学校図書館についての最新のニュース （ⅳ）学校図書館における行事 （ⅴ）ブックリスト （ⅵ）書評
③レファレンス・ツール・コンテンツ （Reference Tool Contents）	（ⅰ）Web版OPACへのアクセス （ⅱ）インターネットに関する一般的な情報提供や、Web上にある主要な情報源に関する情報提供 （ⅲ）インターネット上の一般的な分野に関する情報源へのリンク （ⅳ）インターネット検索エンジンへのリンク
④リサーチ・ツール・コンテンツ （Research Tool Contents）	（ⅰ）インターネット上の専門的な分野に関する情報源へのリンク （ⅱ）専門的な分野に関するオンライン・データベースを検索できること。
⑤インストラクショナル・ツール・コンテンツ （Instructional Tool Contents）	（ⅰ）チュートリアル
	（ⅱ）宿題の援助

ある。インストラクショナル・ツール・コンテンツとは、教育上の観点から児童・生徒の学習を支援するような情報を提供するためのコンテンツである。

これら5種類のコンテンツの頭文字をとって、シーライ・コンテンツ・モデルと称し、このモデルが学校図書館ホームページの望ましいコンテンツモデルとして提案された。なお、シーライ（CIRRI）とはシラス（CIRRUS）の複数形で、植物の「つる」を意味する。

表5-2は、シーライ・コンテンツ・モデルの構成要素である各コンテンツについて、その内容の概要を具体的に示したものである。

さらに、図5-2は、学校図書館ホームページのシーライ・コンテンツ・モデルについて、構成要素である各コンテンツの関係を示したものである。学校図書館ホームページとしては、これら5種類のコンテンツをバランスよく備えていることが望ましい。[7]高度情報通信ネットワーク社会で学校図書館が情報サービスを積極的に提供するためには、利用者に有益でわかりやすいホームページを開設することがきわめて重要である。

図5-2　学校図書館ホームページの
　　　　シーライ・コンテンツ・モデル

	⑤ Instructional Tool Contents	↑学習支援
		館内情報→
③ Reference Tool Contents	① Core Contents	② Information Tool Contents
←外部情報源	④ Research Tool Contents	
研究支援↓		

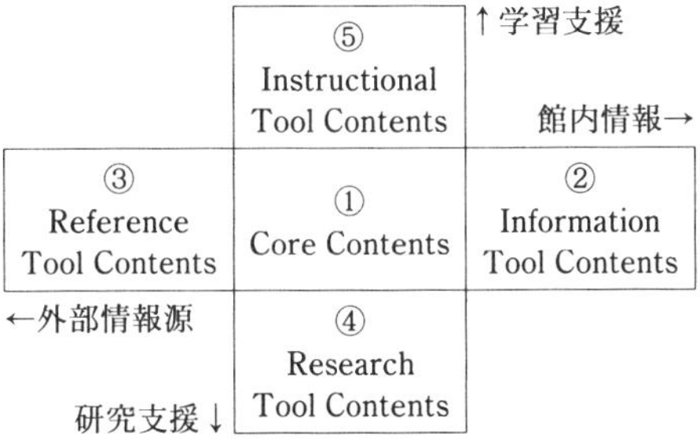

【本章のまとめ】……………………………………………………………………

情報サービスとは、情報を求めている図書館の利用者に対して、図書館が適切な情報を探し出し提供するサービスのことである。学校図書館が利用者に提供するおもな情報サービスとして、データベースやインターネットを利用した情報検索と、利用者の情報要求にふさわしい機関や施設を紹介するレフェラルサービスをあげることができる。

データベースによる情報検索には、オンライン検索、CD-ROM検索などのオフライン検索、インターネット検索がある。利用目的、検索する主題、利用頻度などさまざまな点に配慮して、これらの検索をそのつど使い分ける必要がある。一方、レフェラルサービスを円滑におこなうためには、地元の公共図書館をはじめとして、各種の専門機関について事前の調査が重要である。これらの

専門機関との関係を大切にし、利用者を紹介したさいには必ずレフェラルサービス受付票に記録をとっておく。

　今後の高度情報通信ネットワーク社会では、学校図書館が利用者へ積極的に情報を提供するために、ホームページを活用することが望ましい。学校図書館のホームページにどのような内容（コンテンツ）を備えるべきかという観点から、最近の研究でシーライ・コンテンツ・モデルが望ましいコンテンツ・モデルとして提案されている。

◆注
(1) データベース振興センター編『データベース白書2002』データベース振興センター、2002年
(2) Cynthia MacDonald, Annie Lokrantz, Janet Claasen, Kenley Neufeld, and Gina Cardenas, "Digital Encyclopedias", School Library Journal, Vol.48, No.11, November 2002, pp.58-68.
(3) Walter Minkel, "Pew Study : Students Prefer 'Virtual Library'", School Library Journal, Vol.48, No.10, October 2002, pp.28-30.
(4) 金沢みどり「学校図書館に関する情報化の現状と今後の展望」「図書館雑誌」Vol.96, No.2, 2002年2月号、106-109ページ
(5) Walter Minkel, "Searching for Kid's Sites", School Library Journal net connect, Summer 2002, pp.30-31.
(6) 金沢みどり／望月道浩／山本順一／赤星隆子「シーライ・コンテンツ・モデルとの比較によるアメリカの学校図書館ホームページの評価」「学校図書館学研究」Vol.3、2001年、19-27ページ
(7) 金沢みどり『学校教育における図書館と情報教育』青山社、2008年

第6章　インターネット情報源の利用（活用）

6-1　印刷資料とインターネット情報源

　インターネット上には、ひじょうに多くの情報が存在する。それらは、印刷資料の情報と比較すると、ただ新しいというだけでなく、印刷資料には見いだすことができない情報も少なくない。たとえば、NASAが公開している探査衛星が収集した画像や科学関係の各種実験データなどはその代表的なものである。

　他方、印刷資料のほうが依然としてより広く、多くの情報をもっているともいえる。文字が発明されて以来蓄積されてきた、あるいは15世紀に活版印刷が発明されて以来蓄積されてきた資料の量は、デジタル情報の総量より、いまだ圧倒的に多いと言わざるをえない。

　印刷資料として発行されたものがデータベース化され、インターネット上に公開されているものもある。これは、より早く、またキーワードなどで検索できるという意味で、印刷資料とは違った使い方ができる。

　学校図書館として扱う資料・情報の範囲でも、同じように考えることができる。印刷資料とインターネット情報源の所在や特性を把握して、質問に応じて的確に探索・検索して、使い分けていくことが求められる。

　本章では、インターネット情報源の検索方法とおもな情報源について検討することにしたい。

6-2　インターネット情報源の検索

6-2-1　インターネット上のページの検索方法

　インターネット上のページの検索方法は、①総合的なサーチエンジンによって検索する、②分野別に特化したサーチエンジンによって検索する、③リンク集を使って検索する、という3つがある。

　①は、「Yahoo! JAPAN」や「Google」「goo」などを使って検索するものである。②は、「電子政府の総合窓口」など、特定の分野のサイトを対象に開発され

たサーチエンジンを使って、情報を検索するものである。③の場合は、特定のテーマに関する優れたサイトを選んでリンク集が作られているので、これを使って検索するものである。より効率的に、特定のテーマに対する情報にたどり着くことができる。

このほか、一般的な検索方法として、URLを使った検索、カテゴリを使った検索方法などがある。また、サーチエンジンによっては、音響・画像・動画などファイルの種類を指定した検索ができるようにしているところもある（「goo」「Yahoo! JAPAN」など）。

6-2-2　総合的なサーチエンジンで検索できない情報

総合的なサーチエンジンで検索できない情報も少なくない。それらは、①索引づけがきちんとおこなわれていない音響・画像・動画・pdfファイル・圧縮ファイルなど、②ページのなかに格納されたカード型あるいはリレーショナル型データベースで作成された情報（たとえば、OPACのなかの個々の書名は検索できない）、③フレームや罫線で囲まれたなかの情報（たとえば、統計表のなかの項目などは検索できない）、などである。これらのなかには、レファレンスツールとして、あるいは総合的な学習で活用できる情報も少なくない。

6-2-3　インターネット情報源を検索・探索する方法

インターネット上の情報を探す基本的な方法とおもなサーチエンジンについては、本シリーズの第1巻『情報メディアの活用と展開』の第4章「情報検索」に書かれている（同書49-71ページ）。書籍・新聞記事の検索についても65-70ページで解説されている。ここでは、そこに書かれていないことやそのほかの情報源について解説する。

（1）総合的なサーチエンジン

総合的なサーチエンジンには、①登録型（ディレクトリ型）、②ロボット型、③メタ型と3種のものがある。①②については、前掲書60-65ページに書いてある。ここでは、③メタ型サーチエンジンについてふれておく。

メタ型サーチエンジンは、複数のサーチエンジンを横断的に検索するもので、統合型と非統合型とがある。統合型はテキストボックスにキーワードを入力して検索すると対象となっているサーチエンジンの検索結果が、一覧表あるいは画面のかたちで次々と表示されるものである。画面のかたちで次々と表示され

るものは、メモリを多く必要とする。非統合型の検索画面には、テキストボックスとサーチエンジンのリストと検索ボタンがあり、テキストボックスにキーワードを入力して個々のサーチエンジンに対応した検索ボタンをクリックすると、結果が表示される。統合型のサーチエンジンの代表的なものには、「Metcha Search Engine（Meta Search Engine）」、非統合型には「検索デスク（Search Desk）」がある。

　対象となるサーチエンジンが分野別に整理されていて、分野ごとに検索結果を比較できるようになっているものもある（「検索デスク」はその例でもある）。
　(2) 子ども向けサーチエンジン
　児童・生徒がインターネット情報源を「調べ学習」のために使うのに有効な手段として、「子ども向けサーチエンジン」がある。「子ども向けサーチエンジン」には2とおりあって、1つは、文字どおり「子どものためのサーチエンジン」であり、もう1つは子どもにふさわしい情報を得るための「大人のための、一般向けのサーチエンジン」である。
①子ども自らが検索するために
　児童・生徒が自ら検索して、知りたいことを知るためのサーチエンジンとして、「Yahoo! JAPAN きっず」、「キッズ goo」がある（これらの解説も前掲書63-64ページにある。参照されたい）。
②子どもにふさわしい情報を得るために
　児童・生徒に対してふさわしい情報、教育に関する情報を得るために、あくまでも大人が使うサーチエンジンとして、「検索省みーつけた」がある。
　(3) 特定分野のサーチエンジン
　特定分野のページを検索するために開発されたサーチエンジンもある。今後こうしたサーチエンジンは増えてくると思われる。なぜなら、総合的なサーチエンジンは、あまりに対象とするページの数が多すぎて、また検索結果の件数も多くなりすぎているからである。
　特定分野のサーチエンジンの代表的なものとして、中央省庁作成のページを対象とした「電子政府の総合窓口」、環境関係のページを対象とした「環境 goo」がある。
　(4) リンク集
　リンク集とは、特定の主題に関連するページを集めて評価・厳選してリストアップしたもので、一般に特定の主題に関する有用な情報を効率的に入手でき

るものである。

　総合的な学習、調べ学習に関係したリンク集には次のようなものがある。
　文部科学省初等中等教育局が作成した「『総合的な学習の時間』応援団のページ」がある。これは教育活動を支援する省庁・各種公的団体のページを集めたものである。団体と主題から探せるようになっている。
「総合的な学習らんど」は国の教育情報ナショナルセンターが作成したもので、実践校のリンク集、指導計画、資料・文献検索のリンク集などから構成されている。
「『総合的な学習』リンク集」は学研が作成したもので、参考になるサイトを集めたものである。子どもたちが見てもわかるサイトにはキッズマークがつけてある。出版社にはこのほか教学社が作成した「教育リンク集　総合的な学習」がある。これは教科別のリンク集が作られている。教師用と児童用に分けてある。
　調べ学習のリンク集には各地教育委員会・市役所などが作成したものがある。代表的なものとして、「にしとうきょうキッズ！　調べ学習リンク集」がある。これらは、一般的な調べ学習、教科別のほかに地域資料・情報をもつページが収集・リンクされているという特徴がある。主題別にもリンク集がある。たとえば関東農政局が作成した「『食』・『農』学習実施アイデア集　調べ学習」がそれである。小学校・中学校の実践集も含まれている。

　6-2-2で述べたように、以上の方法で探し出すことができない情報も少なくない。それらはガイドブックなどを参照して探し出し、内容を検討したうえでリストアップしていつでも使えるようにしておくことが求められる。とくに個々のデータベース、つまりカード型あるいはリレーショナル型データベースを使って蓄積され、それに固有のサーチエンジンで検索するというものは、リストアップして、内容情報に即して分類しておくことが必要である。
　ガイドブック以外にも参照すべきものがある。それは、巨大なリンク集である。国立国会図書館では「データベース・ナビゲーション・システム（Dnavi）」というリンク集を作成して、キーワードで検索できるようにしている。これは図書館でレファレンスツールとして活用できるページを集めたものである。多くのデータベースを含んでいる。収録件数は約9,800件である。
　次に、以下でとくに注目しておくべきデータベースを紹介する。

図6-1 「Dnavi」

6-3 目的別データベースの検索

6-3-1 書籍・雑誌論文・新聞記事の検索

　書籍に関する情報の検索は、前掲書67ページで紹介してあるが、ここではそれに加えて、書籍の内容・要旨・目次レベルで検索できるものをまず紹介する。

　新刊書では、書籍取次会社である日販が作成した「本やタウン」がある。ここでは書籍が刊行されてから2週間程度で情報がアップされ、書籍の要旨・目次中のキーワードでも検索ができる。新刊書をきめこまかに探したいときに手がかりになる情報を得ることができる。

　このほか、「Webcat Plus」（国立情報学研究所）がある。整理された図書出版された図書の情報が対象になっている。これは、質問を文章で入力しても検索してくれる。

　雑誌論文の検索には、国立国会図書館作成「雑誌記事索引」がある。これは学術雑誌が中心で、やや整理に時間がかかっている。最新刊の、たとえば今日発行された総合雑誌に掲載された論文を探したいというときに検索するものに「Zassi.net」がある。これらは無料で検索できる。

図6-2 「日経goo」

　新聞記事の検索は、前掲書69-70ページで紹介されているもののほかにも、日本経済新聞社発行の「日本経済新聞」ほか4紙は「日経goo」で1年間検索することができる。また「Yahoo! JAPAN」のニュースでは、4カ月分、ロイターなど外国のものも含めた約20紙が検索できる。「毎日新聞」は地方版まで検索ができる。

6-3-2　児童図書の検索

　児童図書の新刊書は、「本やタウン」やアマゾン・ジャパンや紀伊國屋書店などの書店のページでも検索できる。児童図書だけを対象にしたものには、日本児童図書出版協会の「こどもの本 on the WEB」のなかにある「本をさがす」で検索できる。また、教文館のサイトにある「子どもの本　新刊コーナー新刊」の「児童書ライブラリ」では、最新の児童図書を「タイトル別」「著者別」「発行月別」の一覧にしている。

　児童図書は、一般の図書のように、書名・著者名などで探すだけでなく、「あらすじ」から探すことも多い。こうした要求に対して対応できるように考えられたものが、国際子ども図書館が作成している所蔵目録である。また国際子ども図書館は、国際子ども図書館を含む全国の主要な児童書所蔵機関5機関

の協力を得て、児童書総合目録を作成・公開している。ここでは、児童図書を「あらすじ」で検索できるほか、児童雑誌や一部雑誌記事まで検索できる。

6-3-3 辞典・事典・図鑑など事実を調べる情報源

　事実を調べる情報源のおもなものを、以下紹介する。これらは、とくに断らないかぎり無料で検索できるものである。事実情報を調べる基本は、1つの情報源だけで検索を終わらせるのではなく、類似の情報源があれば必ず2つ以上参照し、かつ印刷資料にもあたってさらに確認するということを励行することである。誤植、見解の違いなどから異なる記載が少なくない。また、インターネットで調べることができない分野も少なくない。たとえば、人物の略歴など人物情報がその代表的な分野である。これらは印刷物を駆使して調べることになる。

　まず、辞書のリンク集には、「Internet Resources」がある。これは、国内外のあらゆるオンライン辞書へのリンク集で、辞書・用語集、リンク集、資料集などで大分類され、さらに詳しく分類整理されている。

　百科事典には「Wikipedia」がある、これは一般の人が参加して作成している「フリー百科事典」といわれているもので、調べるときの手がかりを与えて

図6-3 「Wikipedia」

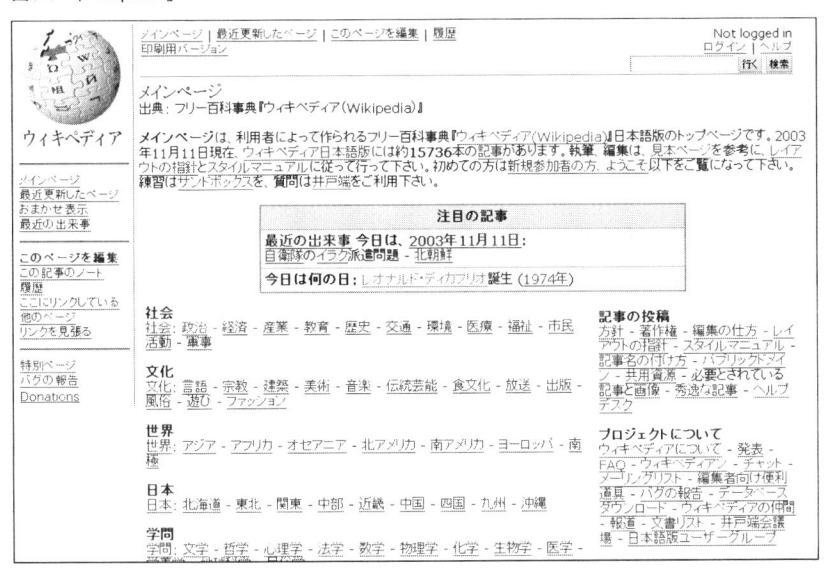

くれる。有料のものには、「Japan Knowlege」がある。これは、百科事典「日本大百科全書（ニッポニカ）」を検索できる。ほかに大型英和・和英辞典、現代用語の基礎知識など各種の事典を横断検索できるもので、編集部が選んだWebサイトの検索もできる。さらに『日本国語大辞典』『日本歴史地名大系』なども検索できる。

歴史では「歴史データベース on the Web」がある。これは、年表のデータベースである。地理では、「地形図閲覧システム」がある。これは、国土地理院作製の2万5千分の1の地形図が全国すべて閲覧できるもので、地形図上の文字（地名、施設名など）でも検索でき、読みもついていて便利である。「インフォマット国別情報」は、国別情報、国際機関の情報などのリンク集で、各国に関するものには、たとえば、各国の国旗については、外務省の「世界の国旗」、国旗に関する国際マナーについては、同じく「国旗掲揚・降納マナー」、各国の通貨（紙幣）が見られるサイトには、「世界の紙幣」などがある。

現在使われている法令は、総務省の「法令データ提供システム」で調べる。法令名、法令番号、法令用語から検索できる。自治体の条例は、インターネットにアップされているものであれば、ロボット型サーチエンジンのキーワードで検索できる。

統計年鑑には「日本統計年鑑」がある。これは日本の各種統計書からエッセンスを集めた二次統計書で、総務庁統計局が編集したものである。「日本の統計」「世界の統計」同じようにアップされている。都道府県の統計は、リンク集のなかの「都道府県等」で探すことができる。

図鑑類では、野鳥の名前や生態をオンラインで写真入りで調べられる「Yachoo! オンライン野鳥図鑑」、鳥類・哺乳類・植物・昆虫・爬虫類・両生類・無脊椎動物については「生物図鑑」、絶滅してしまった動物は「The World of Zoology」の絶滅危惧・希少動物のページがある。樹木には、「Gooの樹木図鑑」がある。「インターネット図鑑『自然界』」は、魚類360種、哺乳類260種、爬虫類160種、両生類70種の動物合計850種の図鑑である。インターネット上の植物図鑑のリンク集を作っているのは、「お気軽植物検索『草の名は』」で、ページのなかに用意されたサーチエンジンで検索できる。「国立科学博物館」はじめ、国の博物館、美術館、資料館などは次々とデータベースを公開しつつある。

医療品関係では、厚生労働省が「医薬品情報提供システム」で医師・歯科医

師および薬剤師向けに医療用医薬品の安全な使用に役立てるためのページを開設している。薬関係では、「おくすり110番」のなかに病院の薬約1万品目をデータベース化した「ハイパー薬事典」などがある。

文化関係では、文化庁のサイトのなかに「日本文化芸術オンライン」があり、日本の文化芸術に関する各種情報を入手することができる。また、「文化遺産オンライン」では、国や地方の有形・無形の文化遺産に関する情報を検索・入手することができる。

映画関係のデータベースは充実している。代表的なものとしては「Internet Movie Database」「全洋画オンライン」「日本映画情報システム」がある。詳しいあらすじまでわかるのは「キネマ旬報全映画データベース」である。

辞書には、「三省堂 Web Dictionary」がある。全部で200万語、18タイトルの辞書検索ができる。そのうち、「デイリーコンサイス国語辞典」など3つの辞書は無料で、ほかは有料である。このメインページには、「Web ことば百科」もある。これは、ことばに関して有用と思われる知識や、その周辺の話題などを

図6-4 「文化遺産オンライン」

6-3 目的別データベースの検索

幅広く取り上げていて、辞典としても使える。「ことばリンク集」もある。これは、国内・国外のことばに関連するサイト185あまりのリンク集である。漢字を検索できるものには、「漢ぺき君」がある。これは漢字の部分を組み合わせた検索ができる。

「スペースアルク　英辞郎 on the Web」は、プロの翻訳者・通訳者集団が制作した英和・和英辞書である。

以上、おもなものを取り上げてきたが、このほかにも多くのデータベースがあるので、作業のなかで気がついたものは「お気に入り」などにリストアップして検討してみることをおすすめしたい。

なお、これらで検索、表示した情報を保存する方法も身につけておきたい。さらに著作権法との関連も深いので、実例にあわせて検討しておきたい。

【本章のまとめ】・・

インターネット情報源が充実しつつある。学校図書館でも活用できる情報源が増えてきた。これらは、コンピュータの画面に向かえば簡単に検索できる。しかし、これらで探すことができない情報も少なくない。印刷資料との使い分けが必要となる。

インターネット情報源は、一般に「Yahoo! JAPAN」などの総合的なサーチエンジンで検索するが、こうしたサーチエンジンで検索できないものもある。また、特定の分野は、特定分野のページだけを対象としたサーチエンジンがある。インターネット上にあるのに、これらで検索できない情報もある。それらの多くはページのなかに埋め込まれているデータベースに蓄積されている。そうしたデータベースを把握しておいて、調査に生かすことが必要である。おもなものは、質問事例と組み合わせて覚えておくといいだろう。インターネット上の情報を保存する技術もあわせて身につけておきたい。

◆参考 URL 集
【総合的なサーチエンジン】
「Yahoo! JAPAN」http://www.yahoo.co.jp/
「Google」http://www.google.co.jp/
「goo」http://www.goo.ne.jp/

【子ども向けサーチエンジン】
「Yahoo! JAPAN きっず」http://kids.yahoo.co.jp/
「キッズ goo」http://kids.goo.ne.jp/
【分野別サーチエンジン】
「電子政府の総合窓口」http://www.e-gov.go.jp/
「環境 goo」http://eco.goo.ne.jp/
【メタサーチエンジン】
「検索デスク」http://www.searchdesk.com/
「Metcha Search Engine(Meta Search Engine)」http://bach.istc.kobe-u.ac.jp/metcha/
●リンク集
【総合的な学習・調べ学習向け】
「『総合的な学習の時間』応援団のページ」http://www.mext.go.jp/a_menu/shotou/sougou/
「総合的な学習らんど」http://members3.jcom.home.ne.jp/
「総合的な学習のリンク集」http://www.enjoy.ne.jp/
「にしとうきょうキッズ！　調べ学習リンク集」http://www.city.nishitokyo.lg.jp/kids/link/index.html
「『食』・『農』学習実施アイデア集　調べ学習」http://www.kanto.maff.go.jp/syokunou/kids/
【特定分野】
「国立国会図書館データベース・ナビゲーション・サービス」http://dnavi.ndl.go.jp/
「インターネット学術情報インデックス」http://resource.lib.u-tokyo.ac.jp/iri/
●書籍・雑誌論文・新聞記事
「本やタウン」http://www.honya-town.co.jp/
「Webcat Plus」http://webcatplus-international.nii.ac.jp/
「雑誌記事索引」http://dnavi.ndl.go.jp/
「Zassi.net」http://www.zassi.net/
「日経 goo」http://nikkei.goo.ne.jp/
●児童図書
「日本児童図書出版協会」http://www.kodomo.gr.jp/
「本の教文館」http://www.kyobunkwan.co.jp/
「児童書総合目録」http://www.kodomo.go.jp/resource/search/toc.html
●辞典・事典・図鑑・辞書
「翻訳と辞書」http://www.kotoba.ne.jp/
「Wikipedia」http://ja.wikipedia.org/
「三省堂 Web Dictionary」http://www.sanseido.net/
「漢ぺき君」http://www.sanrui.co.jp/
「FOKS Intelligent Dictionary Interface」http://www.foks.info/
「スペースアルク　英辞郎 on the Web」http://www.alc.co.jp/
●年鑑・統計
「日本統計年鑑」「日本の統計」「世界の統計」http://www.stat.go.jp/data/
●法律

「法令データ提供システム」http://law.e-gov.go.jp/cgi-bin/idxsearch.cgi
●通貨
「世界の紙幣」http://plaza19.mbn.or.jp/~h_satoh/menu.html
●医療
「医薬品情報提供システム」http://www.mhlw.go.jp/index.html
「おくすり110番」http://www.jah.ne.jp/~kako/
「文化財情報システムフォーラム」http://www.tnm.go.jp/bnca/
●歴史・地理
「歴史データベース on the Web」http://macao.softvision.co.jp/dbpwww/
「地形図閲覧システム」http://mapbrowse.gsi.go.jp/
「インフォマット国別情報」http://www.interq.or.jp/www1/infomat/
「世界の国旗」http://www.mofa.go.jp/mofaj/world/kokki/index.html
「国旗掲揚・降納マナー」http://www.flag.or.jp/topics/protocol.htm
●動植物
「Yachoo! オンライン野鳥図鑑」http://www.yachoo.org/
「生物図鑑」http://www.tbs.co.jp/seibutsu/zukan/
「The World of Zoology」http://eco.goo.ne.jp/wnn-z/
「Goo の樹木図鑑」http://www005.upp.so-net.ne.jp/goostake/
「インターネット図鑑『自然界』」http://www.knowledgelink.co.jp/services/index.html
「お気軽植物検索『草の名は』」http://kusanonawa.jp/
●美術館
「国立科学博物館」http://www.kahaku.go.jp/
●映画
「The Internet Movie Database」http://us.imdb.com/
「全洋画オンライン」http://www.stingray-jp.com/allcinema/
「日本映画情報システム」http://www.japanese-cinema-db.jp/
「キネマ旬報全映画データベース」http://www.walkerplus.com/movie/kinejun/

◆参考文献
笠原良郎監修、紺野順子著『学習に学校図書館を活用しよう──調べ学習・総合的学習の推進』ポプラ社、2005年
神林照道監修、こどもくらぶ編『調べ学習ガイドブック　なにをどこで調べるか　2004-2005』ポプラ社、2004年
深谷圭助監修、クリエイティブ・スイート編『読んでおもしろい辞典・資料がよくわかる事典──もっと楽しくなる調べ方のコツ』PHP研究所、2007年
「総合的な学習」を支える学校図書館編集委員会編『「総合的な学習」を支える学校図書館』全国学校図書館協議会、2001年
林容子『「総合的な学習」に司書教諭はどう関わるか　実例を中心に』全国学校図書館協議会、2002年

第7章　情報の利用とまとめ方

7-1　課題探求のプロセス

　本章では、課題探求のプロセスをたどりながら、情報をまとめて発表する手順を解説する。課題探究のプロセスは、おおむね以下の6段階に分けることができる。
①探究すべき課題を明らかにする
　自分の関心や問題に気づき、具体的な探究課題を明らかにし、探究過程の見とおしを立てる。
②情報探索の方策を考える
　課題を探究するためにどのような情報が必要か、どのような情報源から情報を集めるか、その情報源をどのようにして探せばいいか、といった情報探索の方策を考える。
③情報源を探索し、資料を収集する
　どこに、どのような情報源があるかを探し、適切な情報源を選んで手に入れる。ここでは、分類や目録、書誌、索引などを使う文献探索のスキルが必要になる。
④資料から必要な情報を取り出して記録する
　集めた情報源のなかから必要な情報を見つけ出して、使いやすいかたちで記録する。
⑤情報を活用する
　集めた情報を比較検討し整理して、それをもとに自分の考えをまとめて発表し、ほかの人と意見を交換する。
⑥課題探究のプロセスとその成果を評価する
　課題の設定から情報の収集と活用にいたるまでの課題探究のプロセスを振り返り、まとめたレポートや発表などの成果を評価して、今後の探究に役立てる。
　課題探究のプロセスをどのように分けるかについては、いろんな考え方があるが、こうして、いくつかの段階に分けておくと全体の流れを把握しやすくな

るだけでなく、各段階での作業を確認して、必要なら前の段階に立ち返ってやり直すなどの軌道修正もできる。

7-2 テーマの決め方

　課題の探究を始めるにあたっては、まず「これから何を探究するのか」が明らかになっていなければならない。自由課題の場合、児童・生徒は「自分はどんなことに関心があり、何を探究したいか」を自らに問うことになる。すでに探究すべき課題やテーマが与えられている場合でも、それについて何をどう調べていくのかという具体的な探究課題を明確にしておくことが必要である。たとえば「釣り」をテーマとして取り上げたいと思っても、釣りの何をどう調べるのかを特定しなければ情報収集のめども立たないし、レポートも書けない。そこで、調べる内容をさらに具体化するために、関心やトピックについて自分がすでに知っていること、さらに知りたいこと、疑問に思っていることなどを探ってみる必要がある。そのほかにもテーマに関連して思い浮かぶさまざまなことがらや意見、感情などをできるだけ多く出しておくと、課題設定の手がかりになる。具体的な課題設定に役立つ発想を引き出すには、次のような方法がある。

(1) ブラウジング

　図書館で漠然と書架を眺め歩いて、目にとまった資料を拾い読みすることをブラウジングという。テーマが決まっていないときや、テーマをさらに具体化したいときなどには、ブラウジングによって思いがけないヒントが得られる場合がある。また、図鑑やレファレンスブックなどの情報源にふれることによって、漠然としていた関心領域やテーマについて、その概要や背景の知識を得ることもできるし、ブラウジングで目についた本を借り出して、じっくりと読んでみることで問題意識が芽生えてくることもある。図書館としては、話題の図書を表紙が見えるように並べたり、児童・生徒に関心のありそうなテーマに関連する資料を集めて展示するなどして、ブラウジングが楽しくなる工夫をすることも必要だろう。事前にブックトークなどをおこなって、児童・生徒に知的な刺激を与えておくこともブラウジングの効果を高める場合がある。

(2) ブレーンストーミング

　グループで自由に話し合って思いついたことを出し合うと、思わぬアイデア

が浮かぶことがある。ブレーンストーミングは、ほかの人の発言に触発されて幅広く自分の考えを引き出すことが目的なので、相手を批判したり、1つの問題について討論することは避ける。引き出されたアイデアや意見は簡単なメモをとっておいて、あとで内容別にグループ化して、まとめる。

(3) 対話

教師や司書教諭が児童・生徒と直接対話をすることによって、テーマや探究課題を明らかにしていく。教師は、さまざまな角度から児童・生徒に問いかけることによって興味・関心に気づかせ、具体的な探究課題を引き出していく。

図7-1 環境新聞作成時のイメージマップ。グループの分担を決める（甲南中学校「情報活用」中2）

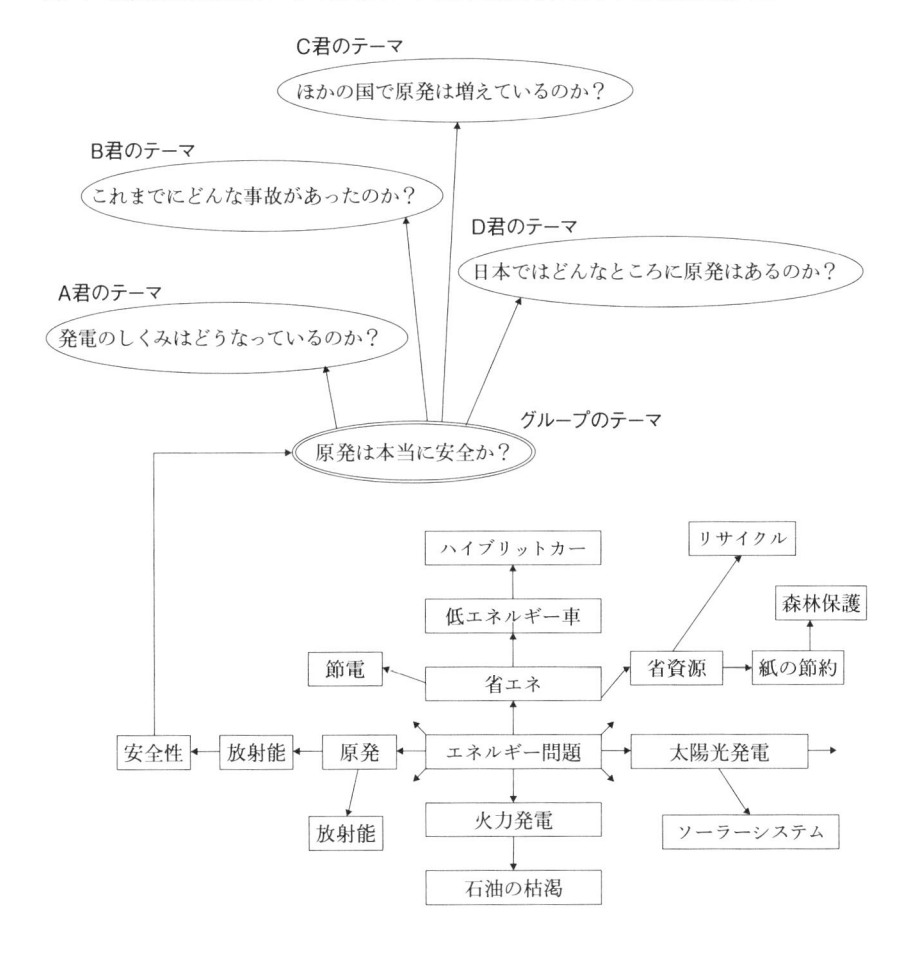

図7-2 レポート作成にあたってのテーマ設定表記入例（甲南中学校「情報活用」中3）

●テーマ設定表を書く（テーマ設定表　記入例）

オモテ

【情報活用】

3年　　組　　番

テーマ設定表

1. テーマ…調べたいことはなんですか?

専業主婦世帯と共働き世帯の子育ての違い

2. テーマで調べたいこと
テーマを調べていくために小課題を設定します。小課題は調べる内容を明確にするため、

- ◆「なぜ・いつ・どこ……か?」
- ◆「…………か?」
- ◆「どのように…?」

のように疑問形にしてください。最低5つは課題を設定しましょう。
（具体的な事例の気になった点でもかまいません。書き出してみましょう）

No.	小課題	仮説
1.	専業主婦と共働き世帯の割合はどうなっているか?	現在3：7くらい?
2.	戦後どのように増えているか?	戦後すぐは共働きが多い。そのあと専業主婦世帯が増えて、現在急激なカーブで増えている
3.	少年犯罪の数はどうなっているか?	1980年代から急激に増えている
4.	育児の担当はだれか?	母親
5.	専業主婦世帯の子どもの数と共働き世帯の子どもの数は同じか?	専業主婦世帯のほうが少ない?
6.	家族のあり方はどう変わっているのか?	単家族が増え、3世代同居が少なくなり、父親の威厳がなくなった。
7.	女性の社会進出とキレる子どもの数は関係あるのか?	関係ある。子育てがうまくいかなくなったのが原因ではないか?
8.		

自分で課題を考え、仮説を立ててみよう！このレポートの中心となる「問い」がすぐに見つかれば幸運だ！見つからない場合もまずは個々に書いた小課題を解決するように調べていこう。

→ 仮説のなかには、自分の結論に導きたい部分があるはず。もし仮説がはずれたら、そこから軌道修正していこう。

> **最初に何からおこなうか？**
> 何から手をつけたらいいのかを考えてみよう。どんな本があるのかは図書館のホームページの「資料の検索」を使って調べてみよう。もちろんカウンター横の検索コンピュータも使えるのでいろんな方法でどんな資料が使えるのか考えてみよう。レファレンスコーナーの本は調べるための本だからうまく使ってみよう。統計や白書などがどこにあるかもチェックしておくこと！

ウラ

```
        3年    組    番
```

3. あらかじめ調べておきたい基本的なこと
   最初はテーマについて基本的なことを事典や新聞などを使って調べていきます。何について押さえておかねばならないのか確認しましょう。

順番	調べること	どうやって調べるか（具体的に記入しよう）
1.	少年犯罪の件数 動機、犯罪内容	「犯罪白書」、「青少年白書」 『Imidas』などの現代用語事典
2.	女性の社会進出の様子 共働き世帯の数	「女性白書」 『日本統計年鑑』
3.	「キレる子」とはどういうもの	『Imidas』などの現代用語事典 少年犯罪についての本
4.	子どもの数、1世帯あたりの子どもの数、出生率	「女性白書」 「子ども白書」
5.		

4. テーマについて1分間スピーチ
   テーマ発表会ではテーマについて、具体的な事例、疑問点などを発表していきます。友達からコメントがもらえるようにスピーチ原稿を作っておきましょう。

> ぼくは「専業主婦世帯と共働き世帯の子育ての違い」をテーマにします。最近の子どもはキレやすいと言われています。なぜキレる子が増えたのか子育てがどう変わったのかということを専業主婦世帯の様子と共働き世帯の様子とで比較しながら調べていきたいと思います。

テーマ設定表

> **テーマについて発表する**
> 次々回は各人のテーマについて発表してもらう。自分のテーマは何で、どんな問題なのか、どう調べるのかをコンパクトにまとめてみよう。

7-2 テーマの決め方

このとき、児童・生徒を問いつめることのないように留意すべきである。教師による問いかけは、あくまでも児童・生徒の内面を探る手助けをするものであって、高学年になって慣れてくると自らこのような対話ができるようになるのが望ましい。

（4）イメージマップ

調べるテーマを用紙の中心に置いて、思いついたことばを次々と書き込んでいく。テーマが決まっていない場合でも、「私がやりたいこと」を中心に置いて思いつくことがらを列挙してみる。そして、お互いに関係すると思われるものを線で結んでいくと自分の考えやしたいことがはっきりしてきて、テーマの概要や探究の方向性が見えてくる。イメージマップはウェビングとも呼ばれ、いくつかの方式がある。

図7-3　イメージマップの例

魚釣り	寿司屋	海
刺身を食べること	僕の関心のあること	魚介類
瀬戸内海	釣り竿	グルメ番組

中央のテーマに関して思いついたことをまわりのマス目に書き入れていくマンダラート法（今泉浩晃『マンダラMEMO学──Mandal-Art　脳のOSを創る』〔オーエス出版社〕を参照）

ここにあげたのは一例だが、課題の設定にあたっては、これらの方法を適宜組み合わせてしだいにテーマを具体化していく。課題設定の段階で「何をどう調べたいか」を明確にしておくと、このあとの情報収集がやりやすくなるばかりでなく、レポートや発表の成果にも大きく影響するので、十分に時間をかけて指導したい。

仮説の設定と検証

　課題の探求を効率よく進め、質の高いレポートを作成するには、つねに仮説を立てて、それを検証していくことが必要である。

　仮説を立てるとは、これまでに集めた情報や実験・観察の結果に基づいて、どうしてそうなるのか、あるいは、そこから何が言えるのかを仮に明らかにし、予想される結論を導き出すことをいう。仮説を立てるには、問題点を把握する力、全体を見とおす力、さまざまな資料や情報に基づいて論理的に自分の考えを組み立てて表現する力などが必要になる。

　仮説は、さらに多くの情報やデータを集めて検証されなければならない。検証とは、仮説が正しいかどうかを確認する作業である。仮説は、検証によって肯定的に裏づけられる場合もあるが、否定的な結果が導き出されること

も多い。その場合には、最初の仮説を見直して修正を加え、新しい仮説を立てて次に進むことになる。

このように、仮説を立てる→情報やデータを集めて仮説を検証する→もとの仮説を修正して新たな仮説を立てる、というプロセスを繰り返すことができるかどうかが質の高い課題の探求を進める鍵となる。自分自身が責任をもって積極的に課題を探求しようとしている人は、仮説を立てることによって自分の考察が正しいかどうかを確認しようとするが、自分の責任で課題を探求し解決しようとする意欲が乏しい人は、ただ漫然と情報を集めただけで何となくわかったような気になってしまい、そこから先に考察が進まない。

7-3　情報の探し方

7-3-1　情報探索の計画を立てる

探究すべき課題が明確になったら、それを探究するプロセス全体の見とおしを立てる。課題の達成には、どのような情報が必要か。どのような方法で情報を収集するか。最終的に、どのようなかたちでまとめて発表するか。一連の作業を、どれくらいの時間をかけておこなうか、など。

こうして全体の見とおしを立てることによって、課題探究の目的がより明確になり、どのような情報をどのように収集すればいいかの判断や選択が容易になる。

課題探究のプロセス全体の見とおしが立てば、次に情報探索の方策を考える。まず何から調べるか、どのような情報源にあたり、いつ、どこへ行って調べるかなど、必要な情報を収集する具体的な方法を考える。グループで探究活動をおこなう場合には、役割分担などを決めておく。

7-3-2　情報源を選ぶ

課題探究によって新しい発見や創造的な結論を引き出すには、できるだけ多くの情報源から幅広く情報を集め、さまざまな情報を比較検討することが必要である。児童・生徒のなかには、課題に対する解答が得られると思われる資料を1点だけ選んで、その内容を要約してレポートにしようとする者もいるが、彼らには課題探究の意義と目的を、実践をとおしてしっかりと理解させる必要があるだろう。

（1）学校図書館で調べる

情報の収集にあたっては、まず、児童・生徒にとって最も身近な情報源である学校図書館を十分に活用して、できるだけ多くの情報を収集させるようにしたい。書籍、レファレンスブック、雑誌、新聞、地図、図鑑、ビデオ、DVD、CD-ROMなど、図書館メディアを利用して求めている情報を探し出すには、自分の学校の図書館での分類と配架の方法をよく知っておく必要がある。児童・生徒が実際に学校図書館を利用するなかで、分類の原則や日本十進分類法についての理解を深めるようになっていけば、学校図書館の資料では不十分な場合や、さらに詳しい情報を得たいと思ったときに、近隣の公共図書館の利用につなげることができる。

①ブラウジングによる資料の選択

　課題設定のところでもおこなったブラウジングは、あまり大規模な蔵書をもたない学校図書館で具体的な情報源を選ぶさいにも有効である。まず、おおまかな分類番号を手がかりにして自分のテーマに関連する資料が並んでいると思われる書架に行って、そこで目についた資料を何冊か選んでみる。このとき、あまり時間をかけないで資料にざっと目をとおして、その資料から自分に必要な情報が得られるかどうかを判断することが大切である。その手がかりとして、表紙、帯、目次、まえがき、あとがき、図表や図版、著者、発行年などが役に立つ。ブラウジングの目的は、関連のありそうな資料をできるだけ広範囲に探すことにあるので、特定の主題分野だけでなくいろんな分野の資料を幅広く見てまわることも大切である。自分のテーマに関連する情報を含む資料が、観点の違いによって自分が探しているのとは別の主題分野に分類されて配架されていることがある。また、同じトピックに関する情報を含む資料でも、その資料自体が広く一般的な主題を扱っているか特定の主題に絞り込んだ内容を扱っているかによって、分類や配架位置が異なることがある。

②カード目録やコンピュータ目録によって所蔵資料を検索する

　ブラウジングで見落としてしまう資料も少なくない。図書館で所蔵していても、貸出中であるとか、書庫に収納されていて目にふれない資料もあるかもしれない。目録を使うことによって、所蔵資料を網羅的に調べることができる。目録には、著者目録、書名目録、件名目録、分類目録などがある。著者や資料の名前がわかっていないときは、件名や分類番号で調べることになるので、児童・生徒がそのための知識をある程度もっていることが必要である。コンピュータ目録を利用する場合は、キーワードを入力することによって、登録されて

いる書誌データのあらゆる項目を一括して検索することができる。目録を検索して見つけた資料は、すぐに使わない場合でも、実際に手に取って、それが自分のテーマにとってふさわしいかどうかを確認しておくといい。

③図書館が提供する資料リストやパスファインダーを使う

　学校図書館では、授業などで扱う特定のトピックに関連する所蔵資料をリストにして提供する場合がある。同じように特定のトピックについて、関連資料を探索する道筋を示したものをパスファインダーという。パスファインダーは、どの資料をどのような順序で調べていけば必要な情報にたどり着くことができるかを示す道案内として利用することができる。

（2）広く学校図書館以外からも情報を探す

　自分の学校の図書館に所蔵されている資料にかぎらず、広く網羅的に関連資料を探すには以下の方法がある。

①書誌や索引などを使う

　書誌は、一定の基準に従って選択した書籍や雑誌記事、そのほかの資料について、著者名、書名、出版社名などの書誌情報を提供してくれる。索引は、雑誌、新聞などの個別の記事をリストにしたもので、雑誌記事索引、新聞記事索引などがあり、過去に雑誌や新聞に掲載された記事を探すことができる。そのほか、出版目録などのように冊子になった目録もある。

②コンピュータやインターネットの利用

　書誌、索引、目録などは、CD-ROMやオンラインでも提供されているのでコンピュータを使って検索することができる。インターネットを使って近隣の図書館の蔵書や、現在出版されている図書の書誌情報などを調べることもできる。さらに、インターネットのサーチエンジンを使ってWeb上の情報にアクセスすることもできる。Web上で提供されている情報については、真偽の確認がとれないものも多く、その信頼性や適切性の判断は印刷資料以上に難しいといわれているので、Web上での情報収集には特別な配慮が必要である。資料リストを提供する場合のように、テーマに関連するホームページのリンク集をあらかじめ図書館で用意しておいて、児童・生徒に利用させる方法もある。

　コンピュータを使って検索する場合には、検索項目別に検索する方法と、タイトルや本文中に使われているフリーワードを使うキーワード検索と呼ばれる探し方とがある。キーワード検索では、必要な情報がもれ落ちたり、不必要な情報が集まってくることがある。必要な情報をできるだけ過不足なく収集する

図7-4　資料リストの記入例（甲南中学校）

資料リスト（本）

①（番号）	②（書名）　熱帯雨林を観る	653.1
	（副書名）	M
③（著者名）　百瀬邦泰		
④（出版社）　講談社	⑤（出版年）　2003	⑦（請求番号）
⑥（資料の所在）　甲南図書館【閲覧】・レファレンス・書庫・その他／個人所有／		

資料リスト（新聞）

①（番号）	②（新聞名）　「毎日新聞」	【本紙】・縮刷版・CD・ROMネット】
	③（ネットの場合）http://	
④（記事タイトル）　今、よみがえるアマゾンの森(その１)		
⑤（発行年月日）　2002年４月29日	⑥朝刊・夕刊　　　　14面〜　　14面	
⑦（記事の署名）　成井哲郎		

資料リスト（雑誌）

①（番号）	②（雑誌名）　ニュートン	
	③（記事タイトル）　生物たちの王国——熱帯雨林	
④（記事署名）　水越　武	⑤（出版社）　ニュートンプレス	
⑥（号）　2002年　　２月　　　日号	⑦（ページ数）P.8　〜P.23	
⑧（資料の存在）　甲南図書館【閲覧・レファレンス・書庫・その他】／個人所有／		

第7章　情報の利用とまとめ方

資料リスト（視聴覚資料）

①（番号）	②（資料名） 熱帯雨林アマゾン・ボルネオ・西アフリカ		(土)（請求記号）
③（メディア） CD／(CD-ROM)／VIDEO／その他（　　　　　）			
④（発行社）		⑤（発行年）	
⑥（資料の所在） 甲南図書館【閲覧・レファレンス・書庫・その他】／(個人所有)／			

資料リスト（ホームページ）

①（番号）	②（タイトル）　熱帯雨林破壊の現状	
	③（アドレス）http://rainforestjp.com/precondition.htm	
④（製作者）　レインフォレストジャパン		
⑤（最終更新日）　2000年　1月　21日		⑥（閲覧日）　2003年　11月　29日

資料リスト（その他）

①（番号）	②（情報源の種類）　テレビ番組	③（情報を得た日時） 9月　28日 12時30分　～　13時00分
④（タイトル）　アマゾン熱帯雨林開発の影響		
⑤（情報の発信者）　CNNj		
⑥（どういう状況で情報を得たか）　番組を視聴		

7-3　情報の探し方

には、調べる内容と目的、観点を明確にして適切なキーワードを考えることが大切である。そのとき、複数のキーワードを AND、OR で結んで、検索結果を絞り込んだり広げたりすることができる。キーワードを別の同意語に言い換えたり、一般的な主題を表す上位語と特定の主題を表す下位語をうまく使い分けることによっても収集の範囲を調整することができる。

③そのほかの情報源

　児童・生徒には、図書資料やインターネットなどの電子資料を利用するだけでなく、情報をもっている人に直接尋ねたり、フィールドワークなどの体験をとおして情報を集めることもさせたい。インタビューをする場合には、誰に何を聞くかを決めたうえで、目的や方法を伝えてアポイントをとり、事前に具体的な質問事項を考えておく。インタビューのさいには、メモをとることはもちろん、テープレコーダやビデオなどに記録しておくのもいい。その場合には必ず許諾を得ておく必要があることや、事後に礼状を書くことも忘れずに指導しておく。そのほか、実験や観察をしたり、博物館や美術館に行ったり、現場に赴いて見学したり体験したことを何らかの方法で記録しておくと貴重な情報となる。

(3) 資料・文献リストの作成

　図書館で適切な資料を見つけたら、資料カードに書誌データや請求記号などを記録しておく。こうして収集した複数の資料をまとめて資料リストを作る。資料リストには、資料番号、請求番号、タイトル、著者名、出版社名、出版年、掲載ページを記入しておく。

7-4　情報の記録と保存の仕方

(1) 情報の評価

　資料を見つけたら、目次や索引などを参考にして必要な情報を取り出して、記録する。そのとき、それが使える情報か否かを判断して、適切な情報を選択することが必要である。①自分のテーマや課題に関連する情報か、②自分が理解できる情報か、③信頼のおける情報か、④事実を記述したものか、それとも筆者の意見の陳述か、⑤偏見はないか、⑥内容に論理の一貫性はあるか、といったことが判断と選択の基準になる。

　情報を評価する能力は、課題探究のプロセス全体をとおして養われるべきも

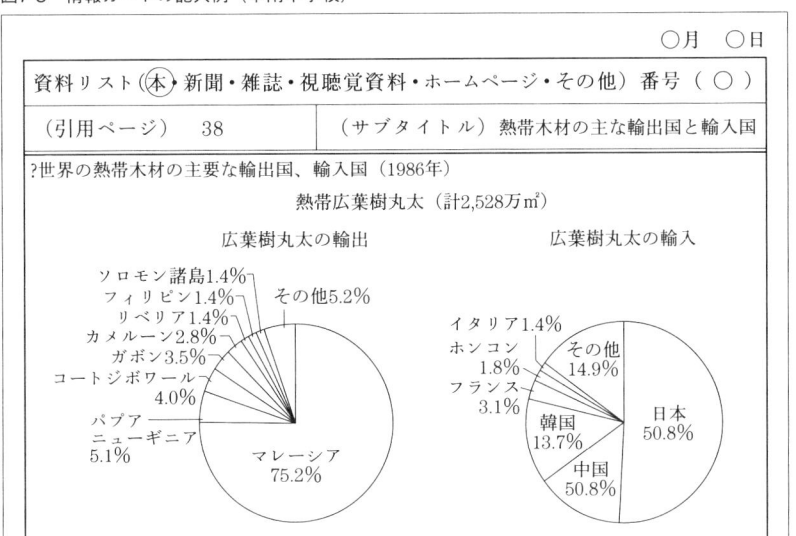

図7-5　情報カードの記入例（甲南中学校）

```
                                              ○月　○日
資料リスト（本)・新聞・雑誌・視聴覚資料・ホームページ・その他）番号（○）
（引用ページ）　38　　　（サブタイトル）熱帯木材の主な輸出国と輸入国
?世界の熱帯木材の主要な輸出国、輸入国（1986年）
              熱帯広葉樹丸太（計2,528万㎥）
         広葉樹丸太の輸出              広葉樹丸太の輸入
ソロモン諸島1.4%                  イタリア1.4%
 フィリピン1.4%   その他5.2%     ホンコン     その他
  リベリア1.4%                    1.8%       14.9%
   カメルーン2.8%                フランス
    ガボン3.5%                    3.1%        日本
   コートジボワール                韓国        50.8%
        4.0%                    13.7%
    パプア                            中国
  ニューギニア     マレーシア         50.8%
     5.1%       75.2%
```

情報カード（本）		○組　○名前（○○○○　　　　）	
トピック	輸入木材の用途		
要約	日本に輸入された原木の8割以上が合板に加工され、その5割以上が建設・土木・事業関連、そのうちコンクリートの型わくが2～3割を占め、木造住宅の屋根下地として使われる。3割近くが家具の製造に使われる。ほかにはディスプレイ用、パレット、楽器、仏壇、家電キャビネット、映画・テレビや劇場のセット、選挙ポスターの掲示板など。		
作成日 ○月　○日			
書名　熱帯林破壊とたたかう	著者　黒田洋一		ページ 44～46

（黒田洋一『熱帯林破壊とたたかう――森に生きる人びとと日本』〔岩波書店、1992年〕をもとに作成）

のである。収集した情報を無批判に信じることなくつねに疑問をもって、それを支持する情報、反証となる情報、違った視点からの情報など、さらに多くの情報を求めていく姿勢をもちつづけることが大切である。

(2) 情報カードへの記入

　必要な情報が見つかれば、情報カードに記入する。カード1枚に1件の情報を簡潔に書き、使用した資料のタイトル、著者名、出版社名、出版年などの書誌データに加えて、ページ、記録年月日、資料リストの資料番号などを記入し、カードの内容を表す「見出し」をつけ、資料のとおりに抜き書きしたものか、要約か、自分の意見かの区別を記しておく。抜き書きの場合は、大切だと思われる語句や文を原文どおり正確に記録する。要約は、要点をわかりやすく短いことばで書くように心がける。個条書きや表にするのもよい。複雑な図や写真などはコピーしてカードに張り付ける。

　記入したカードは、取り出しやすいようにファイルにとじて、見出しの項目ごとに五十音順かアルファベット順に並べて保管しておく。

(3) ファイル資料を作る

　パンフレット、リーフレット、新聞、雑誌などから切り抜いた記事など、大きさの異なるものは、一定のサイズの台紙に張って保管する。台紙に見出しをつけ、新聞の場合は新聞名と日付を、雑誌の場合は雑誌名と巻号、発行年、掲載ページを記入しておく。台紙1枚につき1つの記事を張り、テーマごとにまとめてファイルなどに入れ、見出しの五十音順かアルファベット順に並べておく。

(4) コンピュータへの記録

　コンピュータは、文字情報だけでなく、図・グラフ・音声・写真・動画などの複合的なマルチメディア情報を扱うことができるので、テープレコーダ、ビデオ、カメラなどによって記録したものもまとめて整理するのに便利である。テーマに沿った情報を入力し、テーマごとにファイルに分けて保存する。そのさい、市販のデータベース作成用ソフトウェアを利用することもできる。

7-5　情報のまとめ方と発表の仕方

7-5-1　さまざまなまとめ方

　この段階では、すでに探究課題に関連する情報が相当数集まっているはずである。これから、その情報を比較分析して整理し、自らの考察を加えて何らかのかたちにまとめて発表し、ほかの人と意見の交換をおこなう。そのためには、まず、収集した情報をどのようなかたちでまとめるかが決まっていなければいけない。課題設定の段階で、まとめ方や発表の仕方までの見とおしを立ててお

けば、それに適した情報を収集しておくことができる。情報をまとめて発表する方法はきわめて多様である。展示、壁新聞、演劇、ロールプレイ、ビデオ、新聞、レポート、口頭発表、シンポジウム、ポスター、ディベート、絵本、紙芝居、新聞、パンフレット、手紙、コンピュータ、ホームページなど、それぞれ独自の表現形式や表現方法があるので、それに応じて収集した情報の整理の仕方もさまざまである。

7-5-2　集めた情報をもとに自分の考えをまとめる

　考えをまとめるとは、情報を比較し、取捨選択し、統合して、新しい知識をつくりだす作業である。収集した情報やデータは、あらためて妥当性と信頼性を確認したうえで、自分がすでにもっている知識や、いま取り組んでいる課題やテーマと関連づけて分析し、必要に応じて図や表やグラフにまとめて、それに自分の解釈を加える。この作業は頭のなかでもできるが、自分の考えを文字や図に表して対象化することによって、客観的に作業を進めることができる。収集した情報量が多く、多種多様である場合は、コンピュータを使って情報の加工や修正、結合などをおこなうと便利である。考えをまとめるには、知識や技能だけでなく、課題に取り組む意欲や、困難に出会ってもすぐにあきらめないで納得がいくまでじっくりと考えぬく根気強さも必要である。

　こうして、これまで漠然としていた知識がしだいにはっきりとした輪郭を現わすようになると、レポートの作成や発表の準備が整ったことになる。

7-5-3　レポートの書き方

　まず、レポートの構成を考える。レポートは、およそ次のような体裁をとるのが標準的である。
- 表紙（レポートのタイトルと作成者の氏名を記載する。必要ならサブタイトルもつける）
- 目次（レポートの構成を示す）
- まえがき（テーマを選んだ理由、研究の計画、方法などを書く）
- 本文（研究の内容と考察）
- まとめ（本文の要約、自分の意見や感想、反省、今後の課題、展望などを書く）
- 参考資料リスト

　レポートの構成が決まれば、情報カードを整理して、本文を書く。必要なカ

図7-6　情報カードを組み立ててレポートを作成する（甲南中学校「情報活用」中3）

●情報カードを整理しよう
情報カードの整理ができたら、似た内容のカードでグループ分けをしていきます。

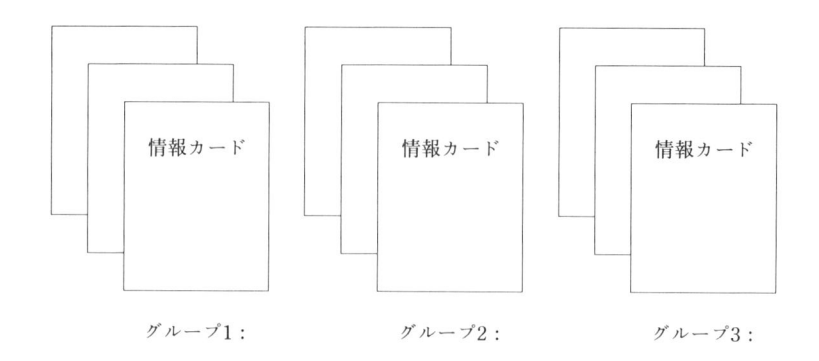

　　　情報カード　　　　　　情報カード　　　　　　情報カード

　　　グループ1：　　　　　グループ2：　　　　　グループ3：

　なお、グループに入れにくいものは「はずれ」として分けて、グループには入れません（強引にグループに入れないでください。混乱のもとになります）。
　このグループは簡単に削除したり追加したりできますので、情報カードが集まってきて混乱したら整理を繰り返しましょう。

●アウトラインを決めよう
　具体的に仮説と小課題が設定できれば、今度はアウトラインを考えてみましょう。アウトラインとはレポートの骨格になるものです。序論で問題を立てて結論を出すまでには必ず通らなければいけない道筋があるはずです。その道筋を考えてみましょう。
　アウトラインはレポートの目次の原型になり、かつ、グループと比較することによってどんな情報が足りないのかがすぐわかるので、早いうちにつくっておきましょう。もちろん一度書けばそれで完成というわけではなく、最初から完璧なアウトラインが作れるものではありません。レポートが完成するまでに何度も作り直しをする必要があります。

●アウトラインの記入例

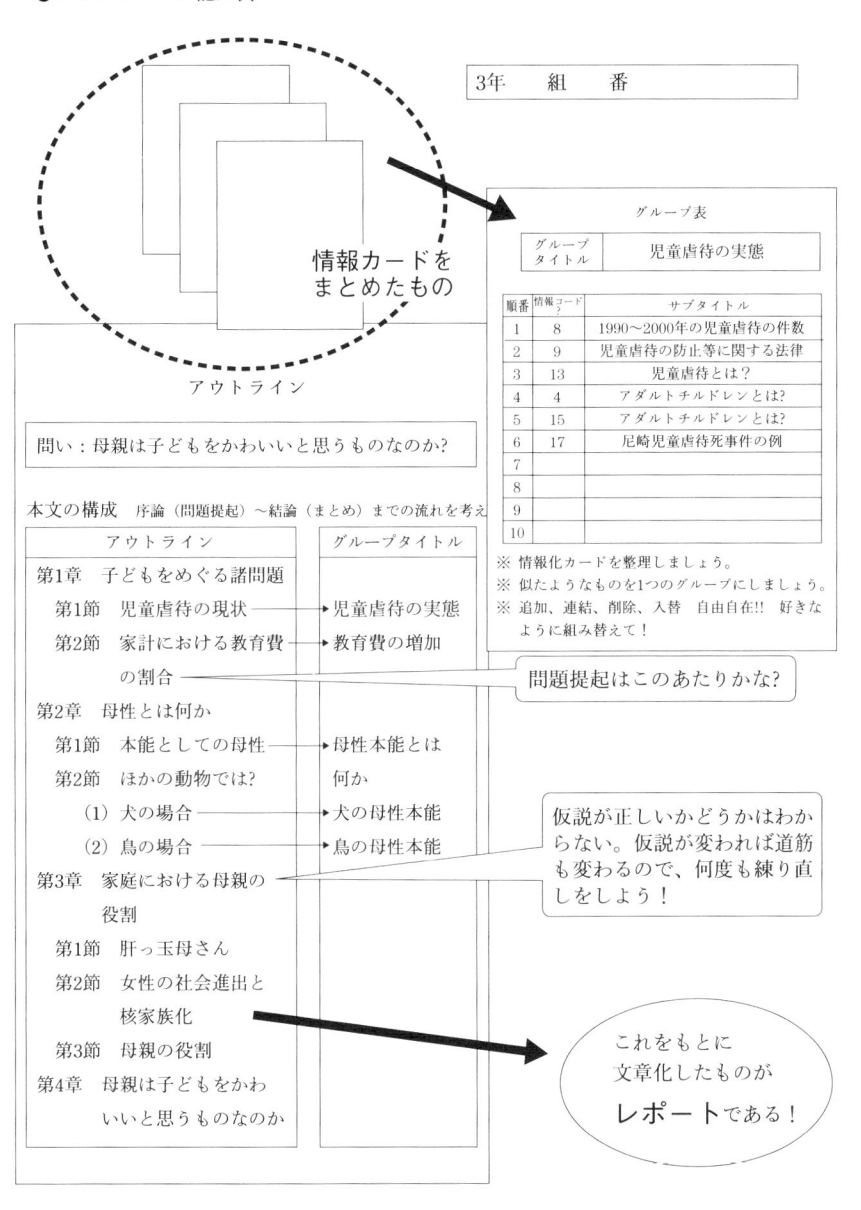

情報カードを
まとめたもの

アウトライン

問い：母親は子どもをかわいいと思うものなのか？

本文の構成　序論（問題提起）〜結論（まとめ）までの流れを考え

アウトライン	グループタイトル
第1章　子どもをめぐる諸問題	
第1節　児童虐待の現状	→児童虐待の実態
第2節　家計における教育費の割合	→教育費の増加
第2章　母性とは何か	
第1節　本能としての母性	→母性本能とは何か
第2節　ほかの動物では？	
(1)　犬の場合	→犬の母性本能
(2)　鳥の場合	→鳥の母性本能
第3章　家庭における母親の役割	
第1節　肝っ玉母さん	
第2節　女性の社会進出と核家族化	
第3節　母親の役割	
第4章　母親は子どもをかわいいと思うものなのか	

3年　　組　　番

グループ表

グループタイトル	児童虐待の実態	
順番	情報コード？	サブタイトル
1	8	1990〜2000年の児童虐待の件数
2	9	児童虐待の防止等に関する法律
3	13	児童虐待とは？
4	4	アダルトチルドレンとは？
5	15	アダルトチルドレンとは？
6	17	尼崎児童虐待死事件の例
7		
8		
9		
10		

※ 情報化カードを整理しましょう。
※ 似たようなものを1つのグループにしましょう。
※ 追加、連結、削除、入替　自由自在!! 好きなように組み替えて！

問題提起はこのあたりかな？

仮説が正しいかどうかはわからない。仮説が変われば道筋も変わるので、何度も練り直しをしよう！

これをもとに
文章化したものが
レポートである！

7-5　情報のまとめ方と発表の仕方

ードが揃っていて、それをうまく整理できれば、レポートの骨組みは簡単にできる。まず、①カードの見出しと情報を照らし合わせて、見出しが情報カードの内容を的確に表しているか、見出しに合っていない内容が含まれていないかを確認する。情報カードの元情報である資料リストとリンクしていることも確認しておく。②内容が似かよったカードを集めてグループ化し、グループごとにタイトルをつける。③グループのタイトルを見ながら配列を考え、それをもとに目次を作る。④目次の章立てが決まったら章や節で何を述べるかを考える。⑤グループの核となるトピックを中心に、集まったカードに書かれている情報に根拠や説明を加えて肉づけし、さらに自分の考察を書き加えて文章をまとめる。こうしてできあがった下書きをもとに、不十分な個所があればさらに情報を補って、わかりやすい文章を書く。⑥最後に図表や小見出しや段落をつけて読みやすくして、本文が完成する。

　本文中で資料を引用する場合には、必要性と適切な分量を考えたうえで、どの部分が引用であるかを明確にして原文どおり正確に書き写し、出典を明記する。出典や参考図書を記載するときは、著者名、書名、出版社名、出版年、該当のページを、雑誌記事の場合は、書名、出版社名の代わりにタイトル名、掲載誌名とその巻号数を記入する。

7-5-4　口頭発表の仕方

　ポスターセッションなど、絵や表を使って口頭発表をおこなう場合は、次の手順で進める。まず、発表する内容を明確にして構成を考える。グループの場合は発表の分担を決める。そのうえで台本を作って、あらかじめ練習をしておく。制限時間をいっぱいに使って、しかも大幅に超過することがないように時間配分を考えることも必要である。補助資料としてレジュメを用意し、ポスターやビデオ、写真、絵などを使用して説明する。オーバーヘッドカメラなどの実物提示装置やコンピュータ用のプレゼンテーションツールなどを使うと、さらに効果的である。

　発表時には、できるだけ手元の資料を見ないで、はっきりとした声で、わかりやすい説明を心がける。わかりやすい表現のために、次のような工夫をする。

- 「です」「ます」を使い、話しことばと書きことばの中間ぐらいの、ていねいなことば遣いをする。

- 耳で聞いてわかりやすいことばを使う（例：「戦闘を開始した」→「戦いを始めた」）。
- キーワードを決めて、それを印象づけるような工夫をする。
- 語尾を使い分けて、調べたこと、自分が思ったことを区別して話す。調べたことについては「〜だそうです」「〜には〜と書いてありました」と、自分の考えや感じたことは「〜と思います」「〜と感じました」とする。結論として導き出されることを述べるときは「〜と考えられます」「〜と推定されます」などが適当である。
- 5W1H（誰が、何を、いつ、どこで、なぜ、どのように）を満たすように話す。
- いくつかの項目を列挙するときには、最初に数を知らせて相手に見とおしを与えておく（例：「ぼくが信長を尊敬する理由は2つあります。1つは……、2つめは……」）。

（甲南中学校「情報活用」中1プリント）

ほかの児童・生徒が発表をするときは、積極的な聞き手として発表を評価さ

図7-7　発表会で使う評価シートの記入例
　　　　修学旅行について調べたことを発表しよう（甲南中学校「情報活用」中3）

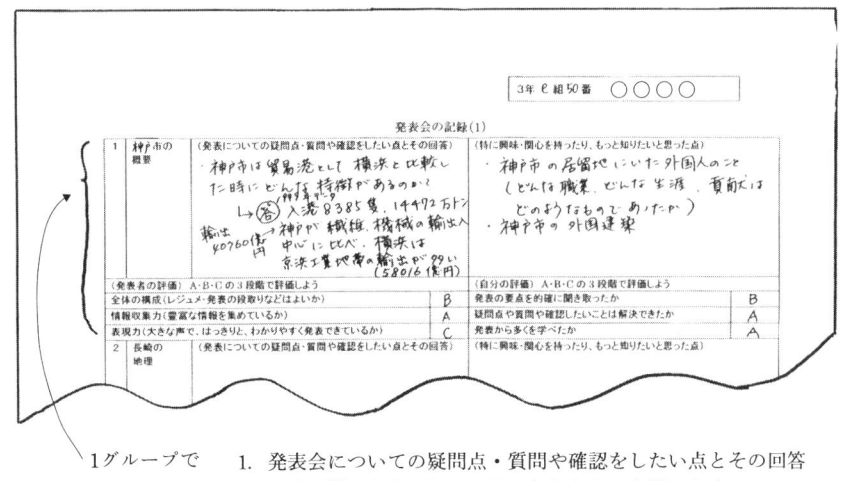

1グループで
1. 発表会についての疑問点・質問や確認をしたい点とその回答
2. とくに関心をもったり、もっと知りたいと思った点
3. 発表者の評価（とくによかった人がいれば名前をあげておこう）
4. 自分の評価

7-5　情報のまとめ方と発表の仕方

せる。チェックリストを用意して、「大きな声で説明できた」「説明はわかりやすかった」「聞いていて楽しく説得力のある説明だった」「顔をあげて発表できた」「ポスターは見やすく、わかりやすく、きれいだった」など、発表の内容・方法・態度などについて3段階あるいは5段階で評価して、話し合いをさせる。高学年になると「全体の構成（レジュメや発表の段取り）」「情報収集力（豊富な情報を集めているか）」「表現力」といった項目を加える。さらに、「発表の要点を的確に聞き取ったか？」「疑問点や聞きたいことは確認できたか？」「発表から多くを学べたか？」など、自らの聞く態度を振り返ることも必要だろう。

7-5-5　成果の保存と活用

　発表が終了したあとで、レポートなど今後の指導に役立ちそうなものを図書館で保管し、これから課題探究をする児童・生徒のための参考資料として利用する。児童・生徒が集めた資料で、今後に生かせそうなものはできるだけ提供してもらい、分類・整理して、図書館資料として活用する。レポートのタイトル、構成、内容の要約をまとめて冊子にしたり、コンピュータに入力してデータベース化しておくのもよい。

7-6　課題探求活動の評価

　課題探究の最後に、自分がおこなった探究活動を振り返って、そのプロセスと成果を評価する。最初に立てた課題探究のプロセス全体の見とおしと照らし合わせて、うまくいった点や改善すべき点などを洗い出して、今後の探究活動へのステップとするのである。設定された課題は適切なものだったか、情報や資料の収集はうまくいったか、その結果として満足のいくまとめや発表ができたか、もし満足のいく結果が得られなかった場合は、どこに原因があったのか、プロセス全体をとおしてどのような知識やスキルを身につけることができたかなど、課題探究の経過や結果について自己評価する。それにはインタビューによって感想を聞くほか、チェックリストを用意して、課題探究の方法、スキルの習得、主体的な態度といった評価項目に沿って、いくつかのチェックポイントをあげて何段階かの評価をする方法もある。

　この段階での評価は、課題の達成度やスキルの習得度だけでなく、どのような探究活動がおこなわれたかというプロセスを評価することも大切である。そ

れにはポートフォリオ評価が適している。課題設定から情報の収集、まとめと発表にいたるまでの全過程で残されたメモやカード、写真、録音テープ、ビデオ、作品、収集した資料などをファイルに保存しておき、時系列にしたがって自分の探究過程を振り返る方法である。このようにして蓄積された資料をもとに、探究活動の軌跡を実際に目で見ることによって、児童・生徒は自らの取り組みを客観的に振り返ることができる。また、ほかの児童・生徒と相互に評価しあうこともでき、教師による評価も含めて課題探究活動をさまざまな視点からとらえることができる。

【本章のまとめ】………………………………………………………………………

　課題探究のプロセスは、①課題設定、②情報探索の方策を立てる、③情報源を探す、④情報を取り出す、⑤情報の活用（まとめと発表）、⑥探究活動の評価の6段階に分けることができる。課題探究においては、探究すべき課題が明確になっているか否かが、その後の情報探索やレポートなどの成果に大きく影響するので十分に時間をかけておこないたい。情報の探索にあたっては、できるだけ多くの情報源から情報を収集することが大切である。図書館やインターネットだけでなく、インタビューやフィールドワークによって収集した情報も貴重である。情報は妥当性と信頼性を評価して選択し、情報カードに記入する。収集した情報を分類し、比較し、互いに関連づけて整理し、それに自分の意見を加えてレポートなどにまとめる。口頭発表するときには、レジュメを作成し、周到な準備をしたうえでポスターなどの補助手段を使って、はっきりとわかりやすく伝える。課題探究の過程でもちいたメモやカード、収集した資料などをファイルに保存しておけば、ポートフォリオ評価によって探究活動のプロセスを評価することができる。

　（注）本稿は、おもに甲南中学校の「情報活用」の実践を下敷きにして執筆している。とりわけ、中津井浩子（甲南高等学校・中学校司書教諭）、米谷優子（元甲南高等学校・中学校講師）両氏の授業に負うところが多い。

◆参考文献
江下雅之『レポートの作り方』中公新書、2003年
片岡則夫『情報大航海術』リブリオ出版、1997年
宅間紘一『学校図書館を活用する学び方の指導』全国学校図書館協議会、2002年
三輪真木子『情報検索のスキル』中公新書、2003年

第8章　調べ学習の事例──国語科・社会科

8-1　国語科

8-1-1　調べ学習から始める『高瀬舟』の授業、序説

　この章では、森鷗外の『高瀬舟』を教材とした、導入からまとめにいたる授業の流れをたどりながら、ともすれば一方的な講義になりがちな現代文の授業のなかに、いかに生徒自身による調べ学習を取り入れ、それを作品の理解や発展的な考察に結び付けていくべきか、その方法を考えてみたい。

　ところで、国語教育の現場で最も広くおこなわれているのは三読法（通読→精読→味読）だろう。まず作品を最後まで読みとおし、語られていることがらの大枠をつかみ、次に教える側が解説を加えながら読みを深めていき、理解のうえに作品世界を味わうことを積み上げていく。しかし、一概に間違ったやり方であるとは言えないにせよ、こういった三読法では、生徒から次にどのようにストーリーが展開していくのかという興味や関心をそいでしまう。その結果、とくに長い教材であればあるほど、後半の授業にたるみが生じてしまう弊害はまぬがれない。宮部みゆきは室井滋との対談のなかで、ミステリーというジャンルについて、「すくなくともひとつのパラグラフのなか、場面転換のないひとつの流れのなかでは、ひとつの固定された視点から書いていること、それを厳密に守っていれば、それはミステリーと言っていいと思っているんです」と述べている。確かに、視点が固定されているからこそ、その視点からはうかがい知ることのできない謎が生じ、その謎が解き明かされていくという展開が可能になるにちがいない。そして、このような広義のとらえ方をするならば、『高瀬舟』は明らかにミステリーである。

　第1段落では高瀬舟に乗せられる罪人たちの悲嘆が語られ、それとの対比によって第2段落での喜助の「遊山船にでも乗ったような」様子がきわだつ。温順で、まっとうな理性をもっているようにみえる喜助が、なぜ島に送られるというのに、それを悲しむ様子を見せないのか、なぜ弟殺しという大罪を犯しているというのに晴れやかな表情をしていられるのか、こういった庄兵衛の疑問

表8-1 『高瀬舟』構成と大意

第1段落	高瀬舟の由来と罪人を護送する同心の気持ち 高瀬舟は京都で罪を犯し、遠島を申し渡された罪人を大阪へ送るための小舟である。その舟に乗せられる罪人の大半は、心得違いのために思わぬ罪を犯した人物だった。罪人たちは舟の上で、わが身にふりかかった運命を振り返り悲嘆に暮れる。その様子を間近に見なければならない同心たちにとって、高瀬舟の護送は憂鬱で不快な職務だった。
第2段落	高瀬舟に乗せられた罪人喜助の晴れやかな様子 寛政のころ、喜助という人物が、同船する近親者もなく、ただ一人高瀬舟に乗った。弟を殺した罪人ということだが、喜助の表情は晴れやかで、自分の犯した罪への悔恨や、これから待ち受ける島での生活への不安などは感じられない。これまで見てきた罪人たちとの違いに、護送を担当する同心羽田庄兵衛は戸惑いを禁じえないのであった。
第3段落	喜助の語る生活観・財産観とそれを聞いた庄兵衛の驚嘆 庄兵衛は喜助に、島へ行くことを悲しまないでいられる理由を尋ねる。それに対して喜助は、これまでの境遇と比べて、牢屋に入ってからの、さらには島での生活がいかに恵まれたものであるかを語り、お上から下げ渡された二百文の金銭への感謝とともに、自分が島での新しい生活に希望をもっていると語る。それを聞いた庄兵衛は、「知足」の境地に達している喜助に畏敬の念を抱く。
第4段落	喜助の語る弟殺しにいたった事情と、それが罪とされることへの庄兵衛の疑問 喜助に畏敬の念をいだいた庄兵衛は、そのような喜助が、なぜ弟殺しの大罪を犯したのかを訊ねる。喜助は弟と自分がどのような生涯を歩んできたか、どのようなつながりで結ばれてきたかを語り、死病にかかった弟が少しでも兄を楽にさせたいと自殺を図ったこと、死にきれず苦しんでいるのを見て、やむにやまれず手を貸したことなどをつまびらかに語る。それを聞いた庄兵衛には、これがはたして人殺しとして裁かれるべきことなのだろうかという疑問が生じる。

に読者は寄り添いながら読みを進めていく。第3段落では、喜助の「知足」の境地が語られる。それによって、作中人物である庄兵衛だけでなく読者も、あらためてこのような人物である喜助が、なぜ弟を殺すことになったのかという疑問を抱く。そして、その疑問に対する答えが、第4段落で明かされる。

　謎が提示され、謎が深まり、それが結末で明かされるこのような作品を、初発の授業で通読してしまい、謎が謎でなくなっているところから、精読をおこなうというのは、初めてこの作品にふれる生徒の立場を忘れたものと言わざるをえない。三読法によって生徒の興味や関心をそぐことは厳につつしむべきである。

　では、実際の授業を一読総合法によっておこなうものとして、場面をどこで区切るか、また、それぞれの場面での授業の目標をどこにおくのか、さらには

授業の目標達成のために、生徒がどのような調べ学習と発表をおこなうのかについてであるが、次のようなモデルが考えられる。

表8-2 『高瀬舟』モデル授業案

場面	目標	展開
第1、2段落	喜助とこれまでに高瀬舟に乗せられた罪人との違いを整理したうえで、庄兵衛の「不思議」を理解する。	《1時間目》第1、2段落の読み、語釈と概説→この単元の授業のやり方についての説明→グループ分け 《2時間目》生徒による発表(「遠島」について)→発展的学習
第3段落	・自分に与えられるささやかなものにつねに満足し、感謝をもってそれを受け止める喜助の考え方を理解する。 ・喜助と庄兵衛のあいだにある「懸隔」を明らかにすることから、庄兵衛が喜助に驚嘆を覚える心情の理解へとつなげていく。	《3時間目》第3段落の読み、語釈と概説→生徒による発表(「二百文」について) 《4時間目》発展的学習
第4段落	・喜助の弟殺しの経緯を明らかにしたうえで、喜助の行為が、弟を苦しみのなかに捨てていくにはしのびないという、やむにやまれぬ動機から発したものであることを理解する。 ・庄兵衛の「これが果たして弟殺しというものだろうか、人殺しというものだろうか」という疑問を、自分自身に向けられた問いと受け止め、「安楽死」について思索を深める。	《5時間目》第4段落の読み、語釈と概説 《6時間目》生徒による発表(「喜助」をどう裁くか)→発展的学習 《7時間目》生徒による発表(「安楽死を処罰しない6要件」について)→発展的学習 《8時間目》生徒によるディベート(「安楽死」の是非) 《9時間目》発展的学習

　この単元では、クラスを4〜6人程度のグループに分けて、いずれのグループも必ずなんらかの調べ学習と発表をおこなうものとする。どのグループにどのテーマを与えるかは、それぞれの力量に応じて教える側が指定するべきだろう。とりわけ第4段落で安楽死の是非をめぐるディベートをおこなう2つのグループについては、牽引力をもった生徒のいる、意欲のあるグループをあてたい。
　また、一読総合法によって授業をおこなう以上、単元のはじめにすべてのグループにあらかじめテーマを与えて、授業時間を活用して一斉に調べ学習と発表の準備をおこなわせるという方法はとれない。ここに一読総合法と調べ学習

を組み合わせることの難しさがあるのだろう。ほとんどの場合、生徒にテーマを与えるのは場面の読みを終えてからということになる。さらに、調べ学習と発表の準備は原則的に放課後の時間をあてるしかない。だからこそ、第4段落での安楽死の是非をめぐるディベートのように準備に時間を要するものについては、そこにいたるまでに十分な時間的ゆとりを設ける配慮が必要である。生徒の準備が間に合わなければ、間につなぎの授業を入れるのも1つの方法である。ドルトン・トランボの『ジョニーは戦場へ行った』のような、人間の生と死の尊厳を考えさせるような映画を見せるのもいいだろうし、安楽死についてのドキュメンタリーが録画してあれば、そういったものを活用するのもいいだろう。そして、そういった視聴覚教材を豊富にストックしておくことも、情報センターとしてのこれからの学校図書館の役割の一つとして期待したい。

ディベート

　討議にはさまざまな目的がある。
（1）集団で知恵を出し合うことによって、問題解決への方法を模索する。
（2）ある問題について集団で話し合うことによって、1人ひとりがその問題についての認識を深める。

　代表的なものとして2つをあげてみた。もちろん、目的の別によって、あるいは参加者の問題認識の程度や、話し合われる問題の性質によって、さまざまなスタイルの討議があることは言うまでもない。これまで、学校教育の場ではバズ・セッションがもちいられることが多かった。これは、5～8人程度の小グループに分かれて討議をおこない、おのおののグループの代表者による報告をもとに、さらに全体で討議をおこなうというやり方だが、近年、
（2）を目的としてディベート（課題討論）が、とくに国語科教育、社会科教育の場で多く用いられるようになっている。ディベートは、あるテーマに対して、肯定側と否定側とに分かれ、自分たちの立場の正当性を論証しようとする討議の一形式であり、①肯定側の立論、②否定側の立論、③否定側の反対質問、④肯定側の反対質問、⑤否定側の最終弁論、⑥肯定側の最終弁論からなる。こういったディベートを授業に取り入れることは、論理的思考力を養い、積極的な授業参加が期待できるだけではない。知識の一方向的な受け渡しというこれまでの授業の枠を超え、さまざまな情報源から、自分たちの立場を支えるにふさわしい情報を収集し、それを有効活用する力を養うことにもつながるものでもある。ディベートでは事前の調べ学習とグループ内

での話し合いが大切であるが、とくに調べ学習では、学校司書や司書教諭、あるいは情報科の教員が教科担当と連携し、積極的にかかわることが望ましい。

8-1-2　第1、2段落の授業展開

　第1、2段落の授業の目標は「喜助とこれまでに高瀬舟に乗せられた罪人との違いを整理したうえで、庄兵衛の『不思議』を理解する」ことである。そのためには、遠島というものが罪人にとってどのような「重さ」をもつものであるかが理解されなければならない。そうでなければ、高瀬舟の上で罪人たちが示す悲嘆への理解は表面的なものにとどまり、したがって、庄兵衛が喜助を見て不思議に思う心情への理解も浅薄なままに終わってしまう。第1、2段落理解の核になる個所だけに、ぜひとも生徒自身による調べ学習と発表を取り入れたい。

> 課題　江戸時代におこなわれていた「遠島」という刑罰について、それがどのようなものだったかを調べ、発表しなさい。

　ただし、ここでの生徒への指示は詳細におこなう必要がある。この課題が与えられただけでは、百科事典に記載されている内容をそのまま書き写し、書き写したものを読み上げるだけの発表に終始してしまうだろう。それでは、遠島というものが罪人にとってどのような「重さ」をもつものであるのかという理解にはつながらない。また、この『高瀬舟』は高校の高学年（おもに高校3年生）で取り上げられることの多い教材だが、高校の高学年の生徒にふさわしい資料検索能力・資料活用能力を身につけさせることにもつながらない。「江戸時代において、遠島という刑罰はどのように位置づけられていたのか」「有期刑だったのか、無期刑だったのか」「島で、罪人はどのようにして生計を立てていたのか」「島での生活は、食糧事情をはじめとして、本土での生活とどのように異なるのか」などの、複数の具体的な問いが与えられることによって、生徒は複数の資料にあたり、答えを探し出そうとする。その問いに対して、生徒がどのようなアプローチをするのかを測りながら、教える側は指示を与える必要がある。

　さて、遠島という刑罰だが、江戸時代においては死刑に次ぐ重刑として位置づけられていた。家屋敷、財産、田畑はすべて闕所（没収）となり、刑期は無

期、刑が免ぜられることもあったが、原則として29年の経過が必要だった。特殊技能をもたないほとんどの流人は、島民の漁業・農業の手伝いなどをして自活するほかないが、なかには物乞いによって生計を立てる者もあったという。耕作地の少なさや医療事情の悪さなどから、飢饉・疫病の発生率も高く、とりわけ凶作時の流人たちの生活はじつに悲惨だった。こういったことがらを生徒自身の手による発表で明らかにしたあとは、発展的学習のなかで、それを自分の身に置き換えて考えることができるよう、教える側が誘導してやる必要がある。これまでの生活の手段が断たれて、島で生計を立てていくことに対する不安ということも大きいだろうが、遠島という刑罰のなによりの「重さ」は、これまで当然のごとく身の回りにあったすべてのものを、根こそぎ奪われてしまうというところにある。家族と囲む食卓、ささいな口げんか、芝居小屋のにぎわい、日常生活を構成しているささいなものでありながら大切なもの、それらをすべて手放さなければならないがゆえに、遠島という刑罰は限りなく重い。

　1人ひとりを指名して、いま、自分の身の回りにあたりまえのようにあるものを挙げさせてみるのもいいだろう。家族、友達、クラブ、受験勉強、飼っている犬、それらがある日を境にして永久に自分の手から失われてしまうとしたらどうだろう。このように発表のなかで明らかになったものを、生徒に投げ返してやることが必要である。それによって、島送りになる罪人の悲嘆や、それをまったく示さない喜助の「不思議」を理解させたい。

　もちろん、こういった調べ学習を可能にするためには、そのための土壌づくりを入学段階から積み上げていくことが大切である。事典を使うにあたっては索引を活用すること、目次によって資料の内容の概略をつかむこと、参考図書を中心とした一次検索によって調べたいことがらに関連するキーワードを拾い出し、そのキーワードを手掛かりにして二次検索をおこなうこと、こういったことはひとりでにできるようなものではない。手引きとトレーニングが必要だからこそ、教科の枠を超えて、「調べる力」をつけさせるためのさまざまな取り組みを、早期からおこなう必要がある。そして、その指導計画の立案は学校図書館にかかわる司書教諭が中心になっておこなわれるべきである。さらに言えば、このような授業を可能にするためには、次のような条件が望まれる。

【学校図書館における資料の充実】
　予算・場所に制約のある学校図書館で、参考図書や資料を網羅的に揃えることは不可能に近い。ここで取り上げた「遠島」にしても、『続・時代考証事典』

図8-1　学校図書館を活用した調べ学習

（新人物往来社）や『江戸時代の八丈島』（「都史紀要」12）といった、流刑地での流人の生活を詳述してある資料をもつ学校図書館はほとんどないだろう。しかし、教師集団が教材研究のなかで見つけたものでぜひとも学校図書館に置いて生徒に活用させたい資料については、それらを揃えていくことが、その学校図書館の財産になる。各教科の教師集団と学校図書館とのあいだに緊密な連携を築いていくことが、その学校図書館の質の向上と利用の可能性を広げていくことにつながるゆえんである。

8-1-3　第3段落の授業展開

　さて、この段落では読みに続けて生徒による発表をおこなう。そのため、調べ学習を担当するグループには、段落の授業に先立ってテーマを指示しておく必要がある。

> 課題　喜助が島へ送られるにあたってお上から与えられた二百文は、現在の金額でいくらに相当するものかを調べて発表しなさい。

　庄兵衛の、「お前は島へ行くのを苦にしていないようだ。いったいお前はどう思っているのだい」という問いに対して、喜助は島へ行くにあたっていま、自分が考えていることを披瀝する。そこで語られるのは、次の2つである。
①いままで自分は定住地というものをもっていなかったが、今度島に行くこと

になって、初めて一つのところに腰を落ち着けた暮らしをすることができる。それがありがたい。
②いままで自分は稼いだ金を右から左へと人手に渡さなければならなかったが、今度島へ送られるにあたって、お上から二百文のお金をいただいた。それがありがたい。

　食べていくためにはどんな仕事でもするしかない、それにともなって住むところも転々とする、しかしそれでも手元には蓄えが残ることはない、こういった生活をしてきた喜助が、たとえわずかばかりの金銭でも、それをありがたいと思う心情は想像力によって理解できるだろう。しかし、島へ送られる罪人たちの財産がすべて没収になる以上、彼らはこの二百文だけをたよりとして島での生活の礎を築いていくしかない。ここでは、まず島へ送られる罪人の立場に身を置いて、もし自分ならば現在の通貨に換算してどのくらいの金額を必要とするかを生徒に考えさせたうえで、二百文の価値についての発表をおこなわせたい。

　結論から言えば、二百文というのは生徒たちが必要とする金額とはあまりに隔たりがあるものである。米価をもとにすれば2,000円から4,000円ぐらいになるだろう。越後屋本店の記録として残っている「諸職人手間賃表」では寛政四年（1792年）の日雇いの日当が銀一匁とされていて、幕府公定レートの一両＝六十匁＝四千文で換算すると、二百文はほぼ3日分の日当に相当する。ここから考えれば、二百文は20,000円ほどになるだろうが、こういったことがらを発表によって明らかにしたあとは、はたして、新しく島での生活を始めるにあたって、これだけの金額でやっていけるかどうかを考えさせたい。これによって、定住地が与えられることといい、二百文という金額といい、流人たちには最低限度の生活保障しかなされていないことが明らかになるだろう。そして、それが明らかになったら、次の発展的学習において、
→最低限度の生活保障しかなされていないことに不安を感じる大半の流人と、それで十分に充足を感じる喜助との違い
→庄兵衛も含め、どこかでいまの自分の生活に満たされない気持ちを抱えている普通の人間と、「足ることを知っている」喜助との違い
→生徒への問いかけ（人間は欲望の呪縛から逃れ出ることができるのだろうか？）
→庄兵衛が喜助にいだく畏敬の念

と順を追って理解を深めていく。
　ただし、じつは二百文を現在の金額に換算するというのは難しい。江戸時代と現代とでは生産や流通のシステムが異なる以上、同じ品物であっても、その価値はまったく異なり、たとえば米価をもとに現在の貨幣価値に換算した場合と、江戸時代は高価なものだった砂糖や卵をもとにした場合とでは、その金額に相当の開きがある。また、江戸時代は、金貨・銀貨・銅貨の交換レートがたえず変動しているという事情もある。だからこそ、こういった授業を可能にするためには、次のような条件が望まれる。

【学校図書館における資料の精選】
　さきほども述べたが、予算・場所に制約のある学校図書館で、資料を網羅的に整備することはきわめて困難である。少なくとも小・中・高校の学校図書館では、その学校でおこなわれる教育や生徒のニーズに即して「必要な」資料の整備にこそ力が注がれるべきだろう。そのように考えれば、江戸時代におけるさまざまな物品の価格や金貨・銀貨・銅貨の交換レートがどのように推移しているのかが書かれた資料まで揃えるというのは、学校図書館の役割を超えたものであるといってよい。ただし、たとえば『ビジュアル・ワイド　江戸時代館』（小学館）のように、一両が何文になるのか、一両でどのようなものをどれだけ買うことができたのかといったことが、わかりやすく図で示されている資料もある。こういった必要かつ生徒が利用しやすい資料については、ぜひとも充実を図りたい。

【インターネットの活用】
　この段階での調べ学習については、むしろインターネットによる検索が適しているだろう。ある程度ネットに親しんでいる高校生であれば、検索エンジンにさまざまな検索語を入力して、江戸時代の一両の価値やお金の単位をわかりやすく解説してくれているサイトを見つけることは、さほど難しくないはずである。
　ただし、ネット上の情報の多くは、匿名の発信者によって発信されたものであり、それをわきまえたうえで、「書かれてある情報について、根拠が提示されているかどうかを確認する」「書かれてある内容が、論理的で科学的かどうかを評価しながら読む」、そして「異なる情報から最良のものを選ぶ」ことが大切である。そういった情報リテラシーは自然に身につくものではなく、学校の情報教育のなかでも、正しく教えられるべきことである。

図8-2 インターネットを活用した調べ学習

　現在、こういった教育の中心は情報科が担っているが、生徒が必要な情報に正しくアクセスするために、適切な場面で適切な助言を与える役割は、調べ学習に関わるすべての教職員に求められることになるはずである。

8-1-4　第4段落の授業展開
　この段落では読みと語釈・概説をおこなったあと、その次の授業で以下の発表をおこなわせる。

> 課題　喜助の弟殺しがわれわれの生きている現代におこなわれたものと仮定して、喜助をどう裁くべきかを考えたい。判決文を作成し、発表しなさい。

　もちろん、ここでも生徒を誘導するための指示は必要である。喜助と弟がどのようなつながりで結ばれていたのか、死を目前にした弟が目で何を語り、それを喜助はどのように受け止めたのか、こういったことを判決理由のなかに盛り込むように指示を与えることによって、生徒は本文をきめこまかく読み込もうとするだろう。ただし、ここでは厳密な調べ学習は要求しない。これまでの安楽死裁判における判例にあたり、そこに示された判断基準を喜助の行為に適用した「正解」を求めることはしない。ここでは、あくまで生徒自身が、喜助

図8-3 生徒の発表風景

の語ることがらのなかから何を判断基準とし、それをどう判断するかを、本文をきめこまかく読み、かつグループ内のディスカッションによって考えることに重きを置きたい。そして、多様な見方を教室に開示するために、複数のグループに発表をおこなわせたい。

　さて、発表のあとは、発展的学習をおこなう。どのグループの判決のどのような点を支持するかを教室に問いかけてみるのもいいだろう。また、生徒による発表のなかで足りなかったもの、掘り下げの浅かったものについては教える側が補う必要があるだろう。たとえば、血だらけの弟を見て喜助は「どうしたのだい、血を吐いたのかい」と言う。ここからも弟の病気が喀血をともなうもの、おそらく肺結核だろうことがわかる。抗生物質が発明される以前は、結核は治癒の見込みのない病気であり、「労咳」という名前のごとく、ひたすら体を「労（いたわ）ら」なければならないものであり、それゆえに、周囲にはなはだしく負担をしいるものだった。こういった視点も「弟はなぜ自殺をはかったのか」「弟と喜助はどのようなつながりで結ばれていたのか」という理解のために重要だろう。必要に応じて教える側が補足したうえで、次の学習につなげていく。

　前回の授業のなかでの生徒による発表と発展的学習によって、喜助による弟殺しの次のような側面が明らかになった。
・医者を呼びに行くことと、弟の首に刺さったかみそりの刃を抜くことには、結果において違いはなかった。
　→助かる可能性がある人間を死にいたらしめたわけではない。
・かみそりの刃を抜くという行為は弟からの依頼によるものである。

図8-4　学習課題「喜助の弟殺し」判決文

学習課題『高瀬舟』第四段落

もし、あなたが裁判官なら、喜助の罪をどのように裁きますか。喜助の弟殺しの詳しい経緯を踏まえたうえで、判決を下しなさい。

主文
被告を（　　　　　　　　　　）とする。

判決理由

（中略）

参考
・刑法一九九条　人を殺したる者は死刑もしくは無期もしくは三年以上の懲役に処す。
・刑法二〇二条　人を教唆もしくは幇助して自殺せしめ、または被殺者の嘱託を受けもしくはその承諾を得てこれを殺したる者は六月以上七年以下の懲役に処す。
・刑法二五条　情状により裁判確定日の日より一年以上五年以下の期間内その執行を猶予することを得。

（　　）組　メンバー（　　　）（　　　）（　　　）（　　　）

→積極的な殺意は認められない。
・弟の依頼を断れば、弟は激しい苦痛のなかに捨て置かれることになる。
　　→弟を苦痛から救いたいという動機からなされた。
　では、こういった行為が罪として裁かれるべきものなのかということを、さらに深く考えるために、次のグループには以下の調べ学習と発表をおこなわせる。

> 課題　1987年、名古屋高等裁判所は安楽死について6つの要件をあげて、これを満たすのであれば処罰の対象としないという判断を下した。この6つの要件とは何か、また喜助の弟殺しはこの6つの要件を満たしていると言えるかどうか、グループ内で統一見解をまとめ、発表しなさい。

　ここでの調べ学習にはいくつかのアプローチがあるだろう。安楽死について書かれた書籍を書架から探し、目次にあたる、当時の新聞にあたる、インターネットで検索する。生徒たちにはグループのなかで分担して、複数のやり方で調べるように指示を出したい。とりわけ、インターネットにおいては情報の発信者の匿名性が高いことから、そこに示される情報のソースが不確かであることが多い。インターネットで得た情報については、確認手続きを怠ってはいけないということも、ここで教えたい。
　ちなみに、名古屋高裁があげた安楽死を違法としない条件を列挙すると次のようになる。

　①不治の病で死が目前にあること
　②見るにしのびない苦痛があること
　③死苦の緩和が目的であること
　④当人の願いに基づくものであること
　⑤やむをえない場合を除き、医師の手によること
　⑥方法が倫理的に妥当であること

　これを喜助の行為にあてはめれば、①と②については客観的に見て疑問の余地がないだろう。③と④についても、喜助と弟のあいだにあったつながりを考えれば、喜助の供述には十分な信頼性があると判断できる。⑥についても、首

に刺さったかみそりの刃を抜くという消極的な方法が倫理的に妥当であることは納得できるだろう。問題となるのは⑤だろうが、医者を呼びに行くまでのあいだ、弟が激しい苦痛にさいなまれることをもって、「やむをえない場合」とする解釈は十分に可能である。こういった発表によって、喜助の行為が現行法の解釈によっても罪に問うのが難しいものであるということが明らかになったら、だからこそ庄兵衛には「腑に落ちぬもの」が残り、一方喜助は、高瀬舟の上で「晴れやか」な表情をしていられるのだということの確認をする。そして、次回の授業で安楽死の問題を考えるにあたって、いくつかの問題提起をしておく。

　たとえば、この授業で取り上げた6つの要件中の⑤「やむをえない場合を除き、医師の手によること」という司法の判断は、はたして万人の理解を得られるものだろうか。患者に死が迫っているかどうかの判断は、むろん専門知識をもった医師にしかできないものだろうし、苦痛のない方法で患者を死にいたらしめるような薬物の処方も医師にしかできないことだろう。だとすれば、安楽死の担い手は医師しかないということになるが、これを医師に要求する権利をわれわれはもっているのだろうか。たとえこの6つの要件をすべて満たせば、刑法上の罪に問われることはないとしても、人間の命を自らの手によって奪うことは、たとえようもない精神的な苦痛をともなう。この苦痛を引き受けることも医師の職責のなかに含まれるのだろうか。むろん、ここで性急に答えを求める必要はない。ただ、安楽死の問題を考えるとき、ともすれば生徒は患者あるいは患者を看取る者の視点からこの問題を考えがちである。多角的な視点をもたせるために、ぜひここで考えさせてみたい。

　また、次回のディベートで、討論がかみ合わないことを避けるために「安楽死」の定義にもふれておく必要があるだろう。「安楽死」をどのように定義するかは識者によって分かれるところだろうが、ここでは次のように整理しておく。
・消極的安楽死
　苦痛をやわらげ除去するためだけの治療に限定し、延命を目的とした治療をおこなわないこと。一般には「尊厳死」という名称が与えられている。
　→今回のディベートでは、討議の対象としない。
・積極的安楽死
　筋弛緩剤の注射をはじめとした苦痛のない方法で、患者を死にいたらしめる

こと。
　→今回のディベートでは、これを「安楽死」として位置づける。
　このように手順をふんで、単元の最後の授業は「安楽死」の是非をめぐるディベートをおこなう。

> 課題　それぞれ「安楽死」を肯定もしくは否定する立場で、主張と質問を交互に交わしながら、おのおのの立場の正当性を論じてもらいたい。はじめにどのような主張をするのか、相手側がどのように反論を組み立てるか、相手側がどのような主張をするのか、それにどのように反論するのか、こういったことを、あらかじめ調べ、考え、グループ内での役割分担を決めておきなさい。

　このディベートについては、2つのグループが肯定・否定どちらの立場をとるのかを、あらかじめ機械的に指定しておく。それぞれの生徒たちが、「安楽死」を肯定もしくは否定する考え方をもっていたとしても、それを斟酌することは不要である。どのように論理を展開して自らの正当性を打ち立てるのか、どのように質問をすることによって相手の正当性を切り崩せるのか、これを考えさせるなかで、「安楽死」というもののもつさまざまな側面に気づかせ、それをディベートのなかで教室に還元することがこの授業の目的である。個人的・主観的な考え方にこだわるのは、むしろ、多様な見方を切り開くことの妨げになる。
　ただ、この授業の目的が達せられるかどうかは、ひとえに生徒の事前学習と準備が十分であるかどうかにかかっている。これまでの「遠島」「二百文」「安楽死を罰しない6要件」などについては、何を調べればいいのかが明確であるため、事前指導が十分であれば、必ずしも生徒たちが調べる場、すなわち学校図書館に教科担当者が立ち会う必要はなかった。しかし、今回の調べ学習については、①何を調べ考えたらいいのかという対象が多岐にわたるため、生徒にしてみれば切り口がわかりにくいこと、②生徒がどのレベルまで調べ考えるかが、授業の内容とその質を左右するため、それを全体的に引き上げる必要があること、③ディベートをおこなう2つのグループ間で到達度に明らかな開きがあった場合、ディベートの内容が一方的になってしまうので、それを避けるために到達度の低いグループの底上げをする必要があること、などの理由で、教

える側が生徒たちの調べ学習をおこなう場に立ち会って、適切な指導をする必要がある。ただし、生徒たちが調べ学習をする放課後の時間のすべてに教科担当者が立ち会うことは現実的に無理があるだろう。時間を決めて、その時間だけは必ずグループ全員が学校図書館で作業をおこなうように指示を与え、そのなかで指導をするにしても、それでも十分であるとはいえない。だからこそ、学校図書館にかかわる図書館司書・司書教諭の協力が不可欠になってくる。この単元の授業をおこなうにあたって、事前に教科担当者が授業の流れを説明し、協力を依頼すべきであることは言うまでもないが、ここでの事前学習の指導は、むしろ図書館司書・司書教諭が主導的役割を果たすことを望みたい。

　そして、このディベートとその後の発展的学習は、教科担当者が一人でおこなうのではなく、公民科の先生に協力を求めたい。「安楽死」というテーマは、国語という教科の枠のなかにとどまるものではない。安楽死を考えることは、人間の権利について考えることにつながるものである。あるいは、安楽死を考えることは、現代の医療のあり方について考えることにつながるものでもある。単元の最後の授業では「安楽死」についての発展的学習をおこなうが、そこではディベートの内容の整理と講評にとどまることなく、その成果を「人間の尊厳」や「インフォームド・コンセント」「ホスピス」などの諸問題と結び付けて論じる広がりが求められるだろう。こういったことも、公民科の先生との協力・役割分担のなかで充実したものにできるはずである。

　また、役割分担の問題もある。「安楽死」についての発展的学習は、このディベートの内容を整理したレジュメをもとにおこなう。そのための記録と司会、そしてジャッジを務めるそのほかの生徒の掌握を教科担当者が1人でこなすのは難しい。司会を生徒に委ねるやり方もあるが、ディベートの展開が反論の応酬に終始してしまう、すなわち論点が固定してしまい広がりをもたなくなるようでは、この授業のねらいである、ディベートのなかで「安楽死」というもののもつさまざまな側面を明らかにし教室に還元するという目的は果たせない。授業のねらいを理解したうえで、適切な交通整理をするのは、よほど場数をふんだ生徒でなければ難しいだろう。議論の展開をうまく誘導する必要性を考えれば、ディベートの段階から司会として公民科の先生に参加してもらい、チームティーチングによってこの単元の終盤の授業を多層的なものにしていきたいところである。

8-1-5　まとめ

　現在、とりわけ小学校では学校図書館を活用した調べ学習が活発におこなわれている。そしてそれらは、1つの大きなテーマを頂点として学習する対象が扇形に広がっていくなかで、何を学習するかが生徒自身に委ねられている、つまり自由研究的なものであることが多い。もちろん、児童が興味・関心の触手を伸ばすことで、自ら学ぶ姿勢を涵養するこういったやり方が、児童の知的発達段階にかなったものであることは言うまでもない。しかし、これも言うまでもないことだが、それだけが調べ学習というわけではない。教材を正しく理解し発展的な考察への道筋がつくように、教える側が用意した指導プログラムに沿って生徒のやるべき課題が厳密に規定されているような調べ学習も、また大切なものである。調べ学習は年間学習計画のなかにイベント的に取り入れられる特別なものであってはならない。普段の授業のなかで日常的におこなわれてこそ、一方的な知識の伝達という従来型の授業から脱却し、生徒に多様な力をつけさせることが可能になる。そのためにも、このような指導プログラムは数多く作られていくべきだろうし、その作成にあたっては、司書教諭が率先して、あるときには主導的にかかわっていくことを切に望みたい。

8-2　社会科

8-2-1　年中行事や地域を調べる意義

　年中行事や地域学習の重要性については、これまで社会科の枠組みのなかで指摘されてきたが、国際化が進み、相互理解の必要性が高まった今日、自分自身を知り、第三者に説明するといった点からも、その意義を増している。小・中・高校の学習指導要領にも、年中行事や地域学習の意義が規定されており、そのいくつかを見てみると、現行の『小学校学習指導要領』第2章第2節第2の「第3学年及び第4学年」の内容に、

　　地域の人々の生活について、次のことを見学、調査したり年表にまとめたりして調べ、人々の生活の変化や人々の願い、地域の人々の生活の向上に尽くした先人の働きや苦心を考えるようにする。
　　ア　古くから残る暮らしにかかわる道具、それらを使っていたころの暮らしの様子

イ　地域の人々が受け継いできた文化財や年中行事
　　ウ　地域の発展に尽くした先人の具体的事例

とあり、具体的にはア～ウのような点について学習するとしている。中学校では地理的分野および歴史的分野に関連項目が見られ、高校では日本史A・Bに、それぞれに関連項目が置かれている。高校の日本史Bでは、

　外来文化などとの接触や交流による文化の変容や発展の過程などに着目させ、我が国の伝統と文化の特色とそれを形成した様々な要因を総合的に考察させるようにすること。衣食住や風習・信仰などの生活文化についても、時代の特色や地域社会の様子などと関連付け、民俗学や考古学などの成果の活用を図りながら扱うようにすること。

と、伝統文化については外来文化との接触を視野に入れる点、生活文化については、時代の特色や具体的な地域社会のありさまなどと関連づけ、さらに民俗学などの成果をも援用し、理解させるとしており、地域学習がたんなる地域にとどまらず、外来文化や日本および世界の歴史などの大きな視点からおこなわれる必要があるとしている。
　このような視点は重要で特殊なことと考えられてきたことが、じつは世界的な広がりをもっていたり、反対に普遍的なことであろうと漠然と思われていたことが、きわめて特殊なことであるということが、地域文化には多く見られる。
　以上のような問題意識を前提に、年中行事や地域文化の調べ学習を正月行事、忘れられた地方城郭などを通じて進めたい。

8-2-2　年中行事を調べる

　ここでは、年中行事のなかでも、1年の始まりである正月行事について学習を展開してみたい。正月行事は多くの人がかかわりをもつが、そのかかわり方は地域や世代によってさまざまである。また、正月行事は古来から変わることなく連綿と続いてきた、と考えられがちだが、時代によってかなり変容してきている。こうしたことを調べ学習を通じて、児童・生徒に考えさせ、とかく一面的になりやすい理解を多面的に考察させてみたい。

(1) お正月を調べる

　小学生（3・4年生）には、家庭や身近な地域の正月を考えさせてみたい。小学生にとって正月の楽しみといえば、つい最近までは、ご馳走やお年玉、そして独楽回しやたこあげなどの遊びであった。しかし、急速な近代化が進むなかで、伝統的な正月遊びは衰退していて、今日では、正月の楽しみといえば、お年玉ぐらいなものではなかろうか。このお年玉とお雑煮のお餅とが、じつは切っても切れない関係にある。お年玉は、もともと正月についた餅をたくさんの小餅にして、人びとに配ったのが起源であるといわれている。この餅は、正月の神様である年神を祭ったお供え物とも、また年神そのものともいわれるが、いずれにしろ正月の神様からの贈り物である。会食する雑煮餅と1人ひとりに配られるお年玉とは、その性格を異にするとはいいながら、正月神と深い関わりがある（『民俗の事典』岩崎美術社、『総合百科事典ポプラディア』ポプラ社）。こうした話を導入とし、一般的な正月行事を、まず児童に図書館で調べさせる。ただし、小学生であるので、調べ学習に使用する図書資料は、あらかじめ準備しておき、教師もともに資料を見ながら、調べを進める。

> 課題　お正月について、図書館で調べてみましょう。なぜ、お正月には「おめでとうございます」とあいさつするのでしょうか。なぜ、門松を立てたり、ご馳走を食べたりするのでしょうか。

　一般的なお正月については、なぜお正月のあいさつが日常とは違う「おめでとうございます」なのか、ということについて考えさせてみたい。日本の祭事暦を調べてみると、古くは、その年の豊年を願う豊年祈願祭に始まり、穀物の収穫を祝う収穫祭に終わっていた。まだ冬の時期である太陽暦の今日では、正月を新春というのは違和感がある。しかし、1年を355日とし、閏月をもうけて日にちを調整していた昔の太陰太陽暦の時代では、正月はいまよりひと月以上遅く、生き物が誕生したり、活動を開始する芽吹きのころであった。「めでたい」は芽が出るからきたものであるということを気づかせよう。こうしたことについては、『日本の年中行事百科1　民具で見る日本の暮らしQ&A　正月』（河出書房新社）、『総合百科事典ポプラディア』、『日本の祭りと芸能［1］』（小峰書店）、『1がつどんなつき…堅牢版こどもの12かげつ・1』（小峰書店）などが、参考となる。これらはいずれも、難しい漢字にはふりがなが付され、写真や図

版でわかりやすく解説されている。『総合百科事典ポプラディア』は事典のため、簡単な記述ではあるが、正月というものをおおよそ理解するには便利である。『日本の年中行事百科1　民具で見る日本の暮らしQ&A　正月』は、民俗学の視点から、年徳神(としとく)・歳徳神(としとく)・正月様ともいわれる正月の来訪神である年神を中心にすえて記述してあり、年末から年始にかけて連続するさまざまな正月行事がわかりやすい。すす払いや大掃除は、年神を迎えるためにおこなうものであり、門松(かどまつ)は年神の依(よ)り代(しろ)として立て、注連縄(しめなわ)はそこが清浄なところであることを示すものであるということを理解させる。こうした行事の意味は、同書の「年末に大掃除をするのはなぜ」「門松を立てるのはなんのため」「注連縄はなにかの目印」などを読むことで理解できる。最近都市部の住宅地では、門松を立てたり、注連縄を張ったりすることは、少なくなったといわれている。しかし、商店街や農村などではまだ散見する。したがって、このあたりのことに関しては、児童も実際に見ていることが多く、図書館資料によって確認すればその意味を容易に理解できよう。問題は、お節(せち)料理や雑煮(ぞうに)だが、こうしたご馳走を食べる家、食べない家が、最近あるという。そこで、いちおうお節料理やお雑煮(ぞうに)についても、図書館資料で確認させる必要がある。お正月にお雑煮を食べるということについては、『1がつどんなつき…堅牢版こどもの12かげつ・1』の「あけましておめでとう」に、

　　がんじつの　あさは　かぞくそろって、「あけまして　おめでとう　ご
　ざいます。」と　あいさつを　します。そして　おぞうにを　たべます。

と書かれてあり、かがみもち、だいだい、こぶ、くろまめ、たづくり、かずのこ、おぞうに、などをなんでお正月に食べるのかが、簡単に記されている。小学校低学年向きであるため、雑煮については「としがみさまと　おなじものをたべて　ちからが　つくように。」と、きわめて簡潔に記されているが、もう少し詳しく調べるならば、『日本の年中行事百科1　民具で見る日本の暮らしQ&A　正月』の「雑煮や屠蘇の作り方は」に、

　　正月の代表的な食べ物の雑煮(ぞうに)は、本来は大晦日(おおみそか)の日暮(ひぐ)れから年棚(としだな)に供(そな)
　えてあった家族めいめいの餅(もち)やお供(そな)え物(もの)、お節料理(せちりょうり)の残りを全部一緒(いっしょ)にして
　煮たものでした。現代(げんだい)の感覚では、新年からどうして残り物が入った雑煮(ぞうに)

を食べるのか、不思議な気がしますね。
　雑煮のことをノウレイと呼ぶ地方もありますが、これは、神事が終わってから神に供えてあったお神酒や神饌を皆でいただく宴を「直会」といったことからきた言葉です。人々は、神と人がおなじ食べ物を食べることによって、神から力を授かると考えたのです。ですから、雑煮をいただくことは、神と一緒に会食する大切な儀式と考えられていたのでしょう。

と出ており、お節料理もお雑煮も、神人共食することに目的のある大切な儀式に始まっていることがわかる。ところで、お雑煮には餅が入れられているが、この餅が古くは年神そのもの、もしくは年神の力と考えられていた。また、お雑煮の具も、元来おいしいから入れられたものではなく、1つひとつ意味があったのである。

　課題　みんなの家のお雑煮には、どんな形のお餅が入っていますか。また、どんな具が入っていて、どういう調味料が使われていますか。お父さんやお母さん、お祖父ちゃんやお祖母ちゃんに聞いてみましょう。

　このお雑煮に関する調べ学習は、思わぬ反響を呼ぶ。かつて、東京都内のある公立学校で、学年を縦割りにしてお雑煮を作るという単元がおこなわれた。そのとき、餅の形が丸いとか四角いとかというレベルを超えて、具には、椎茸などの山のものを入れるべきか、牛蒡や里芋・人参・大根などの根のものを入れるべきか、あるいは海産物に限るべきだとか、さまざまな意見が出された。また、汁は、味噌仕立てにするべきだとか、すまし汁をもちいるべきだとか、じつにさまざまな各人各様のお雑煮観が展開され、それぞれのお雑煮こそが代表的なお雑煮であると主張して譲らず、混乱したことがあるという。こうした各家庭でのさまざまなバリエーションあふれるお雑煮を児童に報告させることに、この課題の目的がある。お雑煮には、その作り手を育んだ文化が凝縮されているのだ。
　いま関東に住んでいるからとか、関西に住んでいるから、ということでお雑煮も関東風であるとか、関西風であるとはかぎらない。お雑煮の地域的特徴について、概観してみよう。お餅の形から見てみると、お雑煮に入れる餅が四角いのは、関東および中部地方の特徴である。一方、円餅は関西以西いわゆる西

国地方の特徴である。汁は、すまし汁か、味噌汁か、小豆汁、おおよそ三系統に分類されるといわれている。味噌汁は京都系統といわれ、京都ではテレビなどでよく紹介されるように白味噌がもちいられる。すまし汁は、関東・中国・九州地方に広く分布し、昆布出汁や海鰻出汁など土地土地によってさまざまだ。小豆雑煮は九州の一部や山陽・山陰の海岸地域に見られる。さらに、具も宮中の歯固めから起こったと考えられる大根や、芋頭を入れるなどじつにいろいろである。児童の家の雑煮は、どんなものであろうか。いつごろから、いまのようなお雑煮を作っているのだろうか。お祖父さんやお祖母さんの話や親戚の人の話を聞いてみるのも有効だろう。また、交通手段が発達した現在ほど、人びとの移住が多い時代もない。とくに、東京やそれ以外の地方都市でも、古くからそこに住んでいるという人びとは稀である。そこで、地域の古老に、その地域のお雑煮の特色を聞いてみるのも重要なことといえよう。また、郷土資料館や博物館などで調べてみたり、低学年では難しいかもしれないが、教師が各自治体史の民俗の項目を調べ、児童にわかりやすく報告することも必要だろう。右のような点に注目して、児童の各家庭の文化が西日本の文化なのか、東日本の文化なのか、を考えさせてみよう。きっと思わぬ発見があるにちがいない。

(2) 正月を調べる

　高校生には、正月の意義や歴史を考えさせる。国際化が進む今日、わが国独特と考えられがちな正月行事が、東アジアに起因するものが多いことを考えさせ、さらにさまざまな文化を内包していることを調べさせたい。

　　課題　正月の行事や、その歴史について考えてみよう。

　まず、正月は、わが国に1年を12カ月に区分する暦が輸入されて以降始まったことを理解させる。暦の理解のためには日本史小百科シリーズの『暦』（近藤出版社）や『生活文化歳事史』第1巻（東京書籍）が役に立つ。わが国の暦が、前近代には月の満ち欠けをもって1月とし、19年に7回閏月を置いて調整する太陰太陽暦であったことを調べさせる。こうした暦もじつは中国から伝来したもので、事実かどうかは定かではないが、『魏志』「倭人伝」の注によれば、日本人は3世紀ごろには春耕・秋収で1年を知っていたらしいことを確認させる。

　正月行事といえば、古代の宮廷行事に淵源するものが多い。そこで、『日本

年中行事事典』(角川書店)の正月の項を見てみると四方拝・朝賀・節会などさまざまな行事を見ることができる。こうした行事のなかで、外国の行事に淵源するもの、また今日の一般の正月行事でもおこなわれているものなどを調べさせる。四方拝も、朝賀も、また節会も、いずれもが中国の儀式に淵源するものであり、今日の正月の晴れの膳を飾るお屠蘇やお雑煮も、中国文化の影響を受けていることを調べさせたい。『年中行事の歴史学』(弘文堂)は、年中行事の研究方法や国際交流について触れられていて、こうした問題を調べるのに便利である。『平安朝の年中行事』(塙書房)、『有職故実』(講談社)も宮廷の正月行事については参考となる。また、その出典や史料から年中行事を考えさせるときには、『年中行事御障子文注解』(続群書類従完成会)や前掲『生活文化歳事史』が役立つ。

　ところで、雑煮は、(1)「お正月を調べる」で見たように、宮廷行事の影響はあるものの、古来から続く歳神祭の神と人とが共食する直会の料理である。雑煮のなかに入れられる餅やさまざまな具は、いろいろな意味をもっている。これを探ると、一元論的にとられやすい日本文化が、じつはさまざまな要素をもつ複合文化であることが理解される。小学生の場合には、家庭や地域の餅の扱い方や雑煮の実際を調べさせることで、バリエーションの豊富さを理解させたが、高校生にはいまひとつ踏み込んで、餅や雑煮のもっている意味について考えさせたい。このような問題を調べるには、『読む・知る・愉しむ民俗学がわかる事典』(日本実業出版社)が役立つ。本書は、たんなる事項説明や解説ではなく、項目ごとに関連性があり、読みものになっている。また、参考文献や出典も明示されていて、調べ学習を次々に展開するには最適である。

> 課題　なぜ正月に餅を食べるのか。また、餅は正月には必ず食べなければならないのであろうか。

　この課題に対して、『読む・知る・愉しむ民俗学がわかる事典』には「正月にはなぜ、餅をたべるのか」という項目がある。ここには、

　　正月になぜ餅を食べるのかという疑問に関しては、すでに平安時代の書物に、餅は「福ノ源ナレバ、福ノ神サリケル故ニ衰エケルニコソ、福ノ餅ナレバ年始ニモテナスベシ」と記されている。餅は福の源であり福神であ

> るという。二人が向かい合って餅を引っ張り合うことを福引きというのも
> それと深い関連があり、正月の鏡餅は福をもたらす福神と考えられていた
> ようである。

と、餅は福の源であり、福神であることが簡明に記されている。ところで、餅に関する記述はこれだけではない。餅を拒否する地域があることも紹介している。

> このように、餅は正月に不可欠の食物であり、誰でも正月には餅の入った雑煮を食べるものと考えている。しかし、そのような中にあって、正月に餅をつかず食べず供えずという禁忌を継承している家や一族が全国各地に点在している。この正月餅禁忌伝承は、民俗学では「餅なし正月」と呼ばれる。

この餅なし正月について、事典の記述はさらに進み、

> 餅なし正月を研究した坪井洋文は、稲作としての餅とそれに対する畑作
> としての芋や雑穀の存在に光を当て、稲作文化論一元論に対して畑作文化
> の存在を主張した独自の日本文化論を提示した。

と、稲作文化を基幹とすると、とかく一元論的に考えられがちな日本文化が、じつは畑作文化を基層部にもっているとある。この事典に見える坪井洋文の著書『稲を選んだ日本人——民俗的思考の世界』(未来社)によれば、餅なし正月をおこなう家や一族、村落は、北は東北地方から南は九州北部まで、全国的に分布していて、餅正月をおこなう家もしくは一族は、イモを拒否しないが、イモ正月をおこなう人びとは餅を拒否するという顕著な傾向があるという。高校生に、こうした視点があることを理解させ、さらに民俗学事典・年中行事事典などの参考文献や自治体史などから、それぞれの地域の特徴や意味づけなどを調べさせてみたい。餅なし正月に食べるイモの種類、たとえば山芋と里芋のどちらであるのか。その違いはどうして発生したのか。調べ学習はさまざまに展開するであろう。
　ところで、壇ノ浦で源氏に破れた平家の末裔(まつえい)伝説やそのほかの落人伝説をも

図8-5　里芋の図（遲澤奈緒美画）

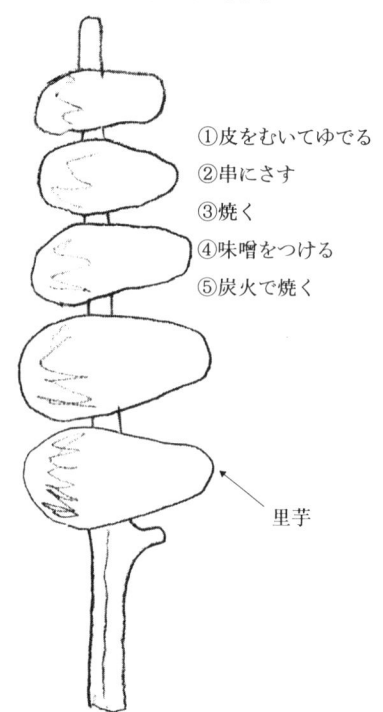

①皮をむいてゆでる
②串にさす
③焼く
④味噌をつける
⑤炭火で焼く

里芋

つ地域と、餅なし正月を伝える地域は、重なり合う場合が多い。そこで、平家の末裔伝説や落人（おちうど）伝説を畑作農耕文化という視点から調べさせてみてはどうであろうか。きっと、新たな発見があるにちがいない。里の人びととは異なるこうした人びとのあいだには、餅や米のために災難にあったとか、卵を食べないとか、稲作農耕文化では理解できない不思議な伝説や行事を伝えている場合が多い。ちなみに、平家の落人伝説や、米のとぎ汁を流したことから追っ手に発見され非業の死を遂げたという源有綱の悲しい伝説を伝える栃木県那須塩原市のある地域には、餅なし正月を今日まで続けている家がある。そのなかのある家では、正月に餅の代わりに5つの里芋を一尺足らずの竹に串刺しにして炉端（ろばた）で焼いて食する。し

かしながら、その地域の全部の家々が、同じようにしているとは限らないという。このような伝承や行事は、ある特定地域だけではなく、東京23区をはじめ全国的に報告されている。郷土資料や自治体史の民俗の項目を調べることで、学習は進展するにちがいない。

　こうした正月行事の意味は、その家に生まれた人でも今日となってはわからなくなっている場合が多い。ひっそりとおこなわれる家々の正月行事のなかに、文字では伝わらない遠い過去の記憶が凝縮されている場合があることを生徒には理解させ、都市化のなかで急速に失われつつある民俗行事の重要性を気づかせたい。

8-2-3　地域の埋れた城から天下の趨勢（すうせい）を見る

　ここでは、高校生に、郷土の歴史が、じつは中央やほかの地域の歴史と密接に関連していたことを理解させたい。奈良や京都、鎌倉や東京（江戸）にでも

住んでいないかぎり、なかなか歴史の教科書の記述を身近に感じることはなかろう。しかし、東京都の23区内でも、自治体史やハイキング案内などを見てみると、忘れられた中世の城郭を意外と簡単に見つけ出すことができる。こうした中世の城郭は、石垣や天守閣、そして白い高い城壁をもった近世の城郭とは相違し、自然の台地や丘陵を利用して建てられていた。したがって、現況では自然景観に溶け込み、それが城郭であるのか、たんなる台地であるのかの区別がつかないものが多い。しかしながら、今日では史跡標示がある場合が多く、注意すれば、容易に発見することができる。そうした地域の埋もれた城々が、意外にも教科書やドラマに登場する豊臣秀吉や徳川家康と関係していたことがわかると、生徒たちは新鮮な目で郷土を見直すにちがいない。

> 課題　地域にはどういう城があるのだろうか。いつ築城され、いつ廃城になったのであろうか。城主はどういう人物であったのであろうか。

この課題の事例として、ここでは東京都世田谷区の世田谷城、八王子市の八王子城、町田市の沢山城、神奈川県横浜市港北区の小机城、以上の城々を取り上げ、調べ学習を展開してみたい。

こうした調べ学習に役立つ図書館資料は、『神奈川県史　通史編1』などのような各自治体発行の自治体史、『江戸東京事典』（三省堂）などのような各地域事典、『日本城郭大系』（新人物往来社）、『角川日本地名大辞典』（角川書店）、『日本歴史地名大系』（平凡社）、『郷土資料事典・観光と旅』（県別シリーズ、人文社）、『国史大辞典』（吉川弘文館）などである。また、地域の郷土資料館や博物館が発行しているパンフレット類もおおいに役立つ。なお年表は、『日本史総合年表』（吉川弘文館）が、西暦の1月1日までも留意してあり、便利である。

右のような資料類のなかでも、『日本城郭大系』は、北海道から沖縄までの城々が網羅されており、収録内容は凡例に、

> 本書に収録した「城郭」とは、城・要害・砦・柵・館・陣屋・屋敷・チャシ・グスク等、軍事的防禦を目的として作られた施設、およびその遺跡・遺構をさす。また文献に現れる城郭で、その遺跡が未確認のものも含まれる。

とあるように、小城郭にいたるまで詳細に記述されているため城郭学習には欠かせない。また、その地域の特徴や歴史、そして中央の動きやそれとの関係などを関連させて考えさせる場合には、前掲の地名辞典や郷土資料事典、そして『国史大辞典』、『日本史総覧』（新人物往来社）などをあわせて参照させたい。

　なお、ここで取り上げる城々は世田谷城を除き、多摩地域の城々であるので、多摩丘陵に分布する城々を調査研究した『多摩丘陵の古城址』（有峰書店新社）が参考になる。なお、有峰書店新社からは『関東百城』『秩父路の古城址』『埼玉の古城址』が刊行されているので、その地域の古城址を調べるときには役に立つと思われる。また、学習研究社から刊行されている「歴史群像シリーズ」の『戦国関東三国志』や『戦国北条五代』は、カラーのイラストや航空写真、そして図表などを駆使して、立体的に当時の状況を再現している。そのほか、全国的な戦国時代史を取り扱っている『クロニック戦国全史』（講談社）も「歴史群像シリーズ」と同様、図版や写真が豊富で、さらに新聞のような記述形態がとられていて、わかりやすい。いずれも、活字を苦手とする生徒にも親しみやすく、調べ学習には最適である。

　さて、ここで取り上げる城々を、上記の図書館資料類を使って調べてみよう。なお、調べ学習を進めるにさいしては、難しい歴史用語や制度・人物・事件などを事典・辞典・便覧を使って、生徒に1つひとつ確認させていくことが大切である。

　世田谷城は、東京都世田谷区豪徳寺2丁目に所在し、世田谷城址公園と隣接する豪徳寺がその遺跡と考えられている。築城年代は定かではない。城跡へ向かうには、東急世田谷線の上町駅を利用するのが便利である。城郭というより館に近いもので、現在は土塁と空堀そして櫓台の跡などが残っているだけである。城主の吉良氏は、元々足利氏の支流で門地は高く、鎌倉公方足利基氏から世田谷郷を与えられたと伝えられている。赤穂事件で有名な吉良上野介の同族で、三河国吉良荘（現・愛知県）の出身である。しかしながら、三河を本拠としつづけた上野介の流れとは異なり、南北朝時代に奥州探題の前身奥州管領として陸奥に下向したが、やがて勢力を失い、前述のように鎌倉公方に仕えた。頼康の代に北条氏綱の娘を室に迎え、北条氏の勢力下に組み込まれるようになったという。頼康の養子氏朝は、1590年（天正18年）の小田原落城にさいし、徳川家康に降った。なお、関東吉良氏に関しては『吉良氏の研究』（関東武士研究叢書第4巻、名著出版）が詳細である。専門性が高いが、戦国時代にとくに関

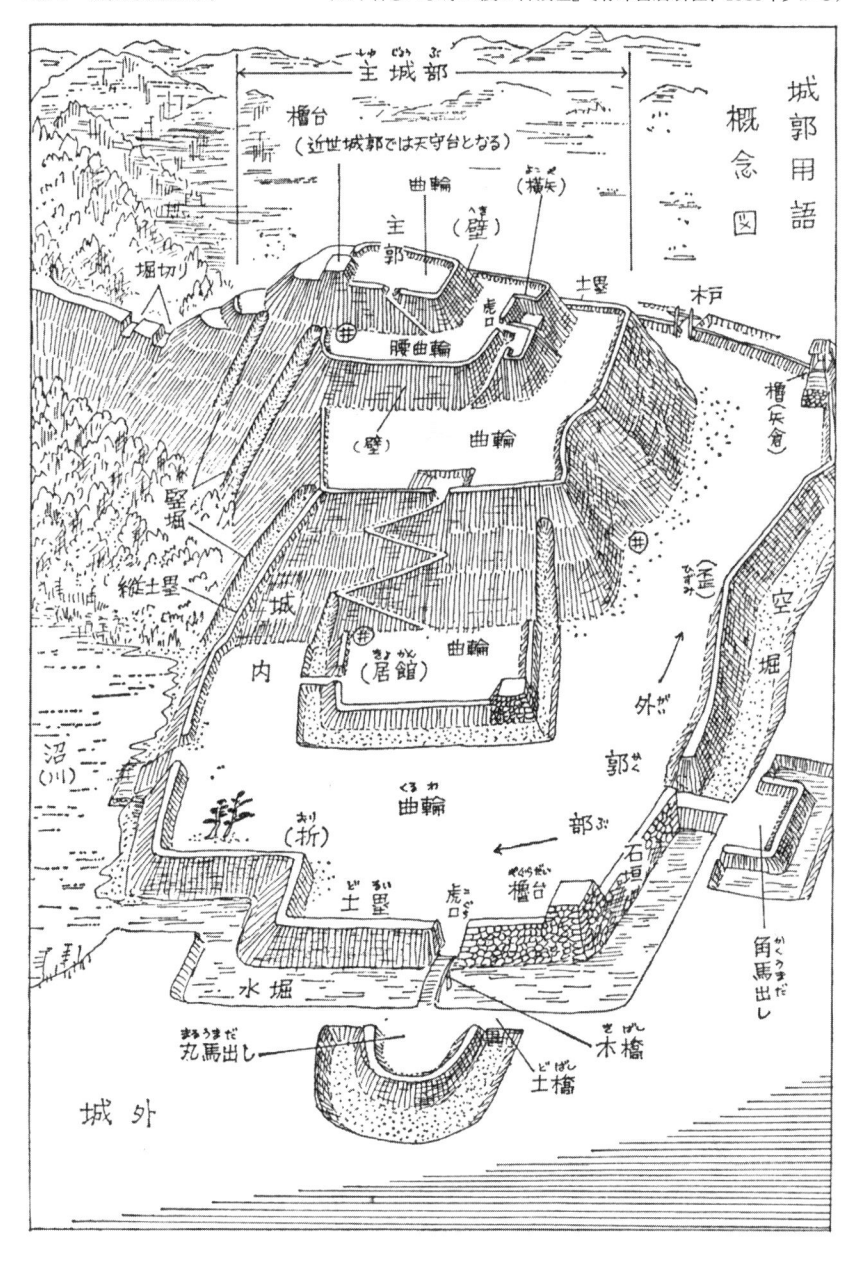

図8-6 城郭用語概念図　　（田中祥彦『多摩丘陵の古城址』〔有峰書店新社、1985年〕から）

心のある生徒のためや教師の参考図書として、ここに紹介しておく。

八王子城は、東京都八王子市元八王子から下恩方町にまたがる関東山地の東端部に所在する山城である。城跡へは、JR中央線と京王線の高尾駅から向かうのが便利である。築城年代は定かではないが、戦国時代最末期の1588年（天正16年）以降に、小田原北条氏三代目氏康の三男氏照(うじてる)によって築かれたと推定されている。後北条氏の城としては、小田原の本城に次ぐ大規模な城郭構造で、一説によれば外周は20キロメートルに及ぶという。自然地形を利用して築かれているが、随所にこの時期の関東の城には珍しい石垣ももちいられている。城の構造は、大きく3つの地域に分類される。その1つは要害地区で、標高470メートルの山上にあり、本丸を中心に小宮郭・松木郭などの郭(くるわ)がめぐらされていて、敵が襲来したときに城主をはじめ家臣が立てこもる場所だった。その2は居館地区で、山城で日常生活に不自由であるため、山麓に城主の居館である御守殿が置かれていた。その3は、根小屋(ねごや)地区で城下町の役割を果たした地域である。

小机城は、神奈川県横浜市港北区小机町に所在する。城跡への最寄り駅は、JR横浜線小机駅である。築城年代は定かではないが、平安・鎌倉時代に小規模な土豪の居館として築かれたのが始まりではなかろうかと推測されている。鶴見川を外堀とし、多摩丘陵をたくみに利用した郭や空堀・土塁の遺構は、戦国時代それも後北条氏時代に築かれたものらしい。城は西郭と東郭を中心に構築されており、櫓台などの遺構も見られる。室町時代後期の1473年（文明5年）に勃発した長尾景春(ながおかげはる)の乱で、景春側の拠点となったため一躍注目を集めるようになった。その後、小田原の後北条氏の領有となり、城代笠原氏が置かれ、武蔵南部支配の重要な拠点となったが、北条氏の北進とともに政庁的な意味合いが強くなった。しかし、上杉謙信(うえすぎけんしん)が小田原をおびやかすようになると、城をとりまく情勢は一変し、北条一門の氏秀・氏堯(うじたか)などが城主となり、守りを固めるようになった。

沢山城は、東京都町田市三輪町に所在する。地名から三輪城ともいう。最寄り駅は、小田急線鶴川駅で、南東に20分ほど行ったところにある。ただし、いままで見てきた城跡とは違い今日でも個人の私有地となっているので、見学は難しい。だが、隣接するもとは城の一角であったろう沢谷戸公園から土塁・壁・郭のようすをうかがうことができる。当城は、多摩川南岸多摩丘陵の一角の比高差30メートルの小山の上に築かれ、4つの郭と腰郭・空堀・土塁跡が残

図8-7 沢山城

沢谷戸公園から本丸をのぞむ

っている。近くを城をめぐるように流れる鶴見川は、外堀の役目を果たしていたにちがいない。戦国時代の城跡であることは間違いないが、当時の記録には出てこない。地元の旧家に残る八王子城主北条氏照の印判状から沢山城の存在と役割、そして当時八王子城の支城であったことが想像される。発掘調査では焼土や焼米が出土しており、米倉があったと推定されている。城主は定かではないが、北条氏からこの地をたまわっていた市川氏、および旧家から発見された文書から北条氏家臣大石筑前守(ちくぜんのかみ)ではないかといわれている。なお、戦国大名の家臣団を調べるときは、『戦国大名家臣団事典』(新人物往来社)が便利である。

　おおよそ以上のようなことを調べたら、次に地図で城の位置を確認させてみよう。『日本歴史地図』(柏書房)なども地域によっては参考となる。このとき忘れてはならないことは、必ず周辺や関係地の地理にも留意させることである。具体的には、小田原城の支城であるとすると、本城との距離やほかの支城との距離、河川・山岳の配置などを知識としてもたせておく必要がある。次に、博物館や郷土資料館などで、模型や古文書などを使ってさらに城の構造や地理、そして歴史などを考えさせてみる必要があろう。ここで、虎口(こぐち)・郭(くるわ)・竪堀・空堀などの城郭用語や、鎧(よろい)・刀・槍(やり)・弓・鉄砲などの武具、兵団の組織などを、展示物などから具体的に確認させておけば、あとの学習におおいに役立つ。こうした学習がすんだあと、生徒を実際に城跡に行かせてみたい。自分の足で歩

かせることにより、往時の感覚をつかませることは重要である。城の郭や堀切の高低などを実感することにより、生徒それぞれの城に対する理解は、いっそう深まろう。また、城跡の周辺には、城主や家臣の子孫、郷土史家など城について詳しい知識をもっている人が多い。そういう人たちから話をうかがうことも、重要な調べ学習である。こうした作業をへて、生徒に、城の歴史と当時の生活や政治、そしてそれを支えた経済的営みについて考えさせたい。棟別銭(むなべつせん)・段銭(だんせん)などの税制や、戦国法などの難しい歴史用語についても、格段の理解を示すようになるにちがいない。

ここで取り上げた城々は、読者にはすでにお気づきのことと思うが、すべてが小田原北条氏の支城である。築城時期こそ異なるが、いずれもが、1590年(天正18年)の豊臣秀吉の小田原征伐で、北条氏の滅亡と運命をともにした。なかでも、八王子城は城主氏照(うじてる)が小田原城に立てこもり、城主不在という状況のなかで、上杉景勝(うえすぎかげかつ)・前田利家(まえだとしいえ)の連合軍に猛攻され、多数の犠牲者を出して落城した。現在では、城々の所在した地域は、東京都と神奈川県に分かれ、さらにその市町村も異なる。だが、昔は運命共同体的な城々であった。こうした多摩の城々が、天下人秀吉の統一事業の最後に立ちはだかり、滅亡していった。その滅亡は、たんなる北条氏支配の終焉(しゅうえん)を意味するばかりではない。同時に広く日本の中世社会の終焉と、近世の夜明けを意味しているのである。草むらに覆(おお)われた中世の古城は、じつは物言わぬ歴史の証人なのだ。

ところで、滅亡とともに、これらの城々が所在した地域の人びととの交流もとぎれてしまったのであろうか。じつはそうではない。江戸時代以降、経済的にも人的交流のうえからも、ますます密接となっていったのである。通婚範囲や養蚕業などのその後の発展を見てみると、戦国時代の遺産が大きく大輪の花を咲かせたことがうかがわれる。そして、城にかかわり土着した人びとの子孫のなかから、幕末に活躍した新撰組の近藤勇や土方歳三などが生まれ、近代には自由民権運動の壮士が生まれた。

生徒たちに、彼らにとっては遠い存在であったろう戦国時代の天下の動きが、思いのほか身近なものであることを実感させられれば、学習効果は上がったと考えてよかろう。さらに、中央との関係のなかで現在の郷土が、どのようにかたちづくられてきたのかをも考えさせられれば、学習のねらいは、ほぼ達成したといっても過言ではない。

さて、当初こうした古城址を中心とした調べ学習は、小学生には難しいので

図8-8 北条氏支配分布図

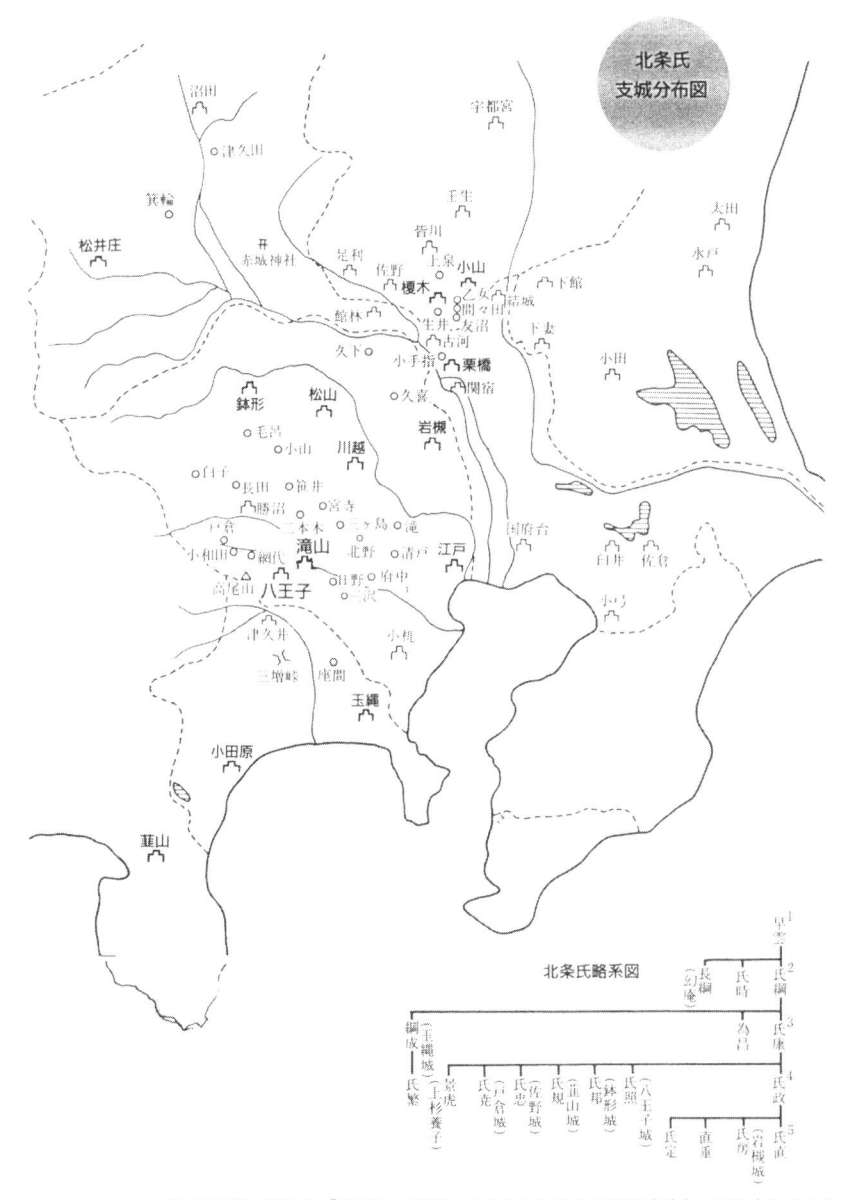

(八王子郷土資料館『八王子の歴史と文化』〔八王子市教育委員会、1987年〕から)

はなかろうか、と考えた。しかし、広領域に及ばない一城ごとの学習であるならば、可能であるかもしれないと考えるにいたった。それは、本稿の執筆にさいして、町田市立三輪小学校が2002年（平成14年）に発行した『わたしたちの三輪』に接したからである。このなかの、「三輪にも城があった　沢山城を推理しよう」では、沢山城の遺構や後北条氏との関係について、小学生にも理解しやすいように説明してある。その一文をここに紹介しよう。

　　　私たちが住んでいる三輪にも城がありました。城あとは、高蔵寺の南の
　　小高い丘の上にあります。昭和四十六年に行われた城あとの調査の結果、
　　建物あとと思われる柱の穴や古井戸、土器、そしてたくさんの焼けた米が
　　出てきました。
　　　これらのことや、城が敵のしん入を防ぐようなつくりをしていることか
　　ら沢山城は戦国時代のものではないかと考えられています。
　　　少し前の時代から、三輪をふくむ町田のあたりは、小山田氏から後北条
　　氏へと、支配者が変わりました。
　　　そのころ世の中は大きく動いていました。鉄砲を使った戦い方で勝ち続
　　けた織田信長は、途中で殺されてしまいます。そのあとをついだ豊臣秀吉
　　は、天下統一まであと一歩とせまっていました。最後まで言うことをきか
　　ない者は、三輪のある関東のあたりを支配していた後北条氏を残すだけと
　　なりました。

いかがであろうか。短文ながら、沢山城と天下の動き、そして後北条氏の戦国時代に果たした役割がわかりやすく述べられている。これを見れば、小学生にも地域の調べ学習として、古城址を検討させることも十分可能であろう。ただし、こうした学習を展開するときには、小学生にも理解できるように教師があらかじめ関係資料を十分整理しておく必要がある。こうした点に留意すれば、小学生による地域の調べ学習もおもしろく展開するにちがいない。

◆参考文献
【国語】
稲垣史生『続・時代考証事典』新人物往来社、1985年
『江戸時代の八丈島——孤島苦の究明』(「都史紀要」12)、東京都、1964年
『ビジュアルワイド　江戸時代館』小学館、2002年
宮部みゆき／室井滋『チチンプイプイ』文藝春秋、2000年

【社会】

池上裕子ほか編『クロニック戦国全史』講談社、1995年

石村貞吉『有職故実』上・下、講談社学術文庫、1987年

『1がつどんなつき——堅牢版こどもの12かげつ・1』小峰書店、1981年

岩井宏實監修『日本の年中行事百科1　民具で見る日本の暮らしQ&A　正月』河出書房新社、1997年

『江戸東京事典』三省堂、1987年

遠藤元男／山中裕『年中行事の歴史学』弘文堂、1981年

大間知篤三ほか編『民俗の事典』岩崎美術社、1972年

大多和晃紀『関東百城』有峰書店新社、1993年

荻野三七彦編『吉良氏の研究』(関東武士研究叢書第4巻)名著出版、1975年

角川日本地名大辞典編纂委員会編『角川日本地名大辞典』角川書店、1978-90年

神奈川県県民部県史編集室編『神奈川県史　通史編1』1981年

甲田利雄『年中行事御障子文注解』続群書類従完成会、1976年

国史大辞典編集委員会編『国史大辞典』吉川弘文館、1979-97年

児玉幸多／小西四郎／竹内理三監修『日本史総覧』新人物往来社、1983-86年

新谷尚紀編『民俗学がわかる事典——読む・知る・愉しむ』日本実業出版社、1999年

人文社観光と旅編集部編『郷土資料事典・観光と旅』(県別シリーズ)、人文社、1967-73年

鈴木棠三『日本年中行事辞典』角川書店、1977年

『総合百科事典ポプラディア』ポプラ社、2002年

田中祥彦『多摩丘陵の古城址』有峰書店新社、1985年

坪井洋文『稲を選んだ日本人——民俗的思考の世界』未来社、1982年

中田正光『埼玉の古城址』有峰書店新社、2001年

中田正光『秩父路の古城址』有峰書店新社、2001年

西ケ谷恭弘／小和田哲男／下山治久ほか『真説戦国北条五代』(歴史群像シリーズ14)、学習研究社、1989年

『日本史総合年表』吉川弘文館、2001年

『日本歴史地名大系』平凡社、1979-

『日本歴史地図』柏書房、1982年-

芳賀日出男『日本の祭りと芸能 [1]』小峰書店、1995年

半澤敏郎『生活文化歳事史』第1巻、東京書籍、1990年

平井聖ほか編修『日本城郭大系』全20巻、新人物往来社、1979-81年

広瀬秀雄『暦』(日本史小百科5)、近藤出版社、1978年

二木謙一／安西篤子／小和田哲男ほか『戦国関東三国志——上杉謙信、武田信玄、北条氏康の激闘』(歴史群像シリーズ2)、学習研究社、1987年

山中裕『平安朝の年中行事』塙書房、1972年

山本大／小和田哲男編『戦国大名家臣団事典』全2巻、新人物往来社、1981年

『わたしたちの三輪』町田市立三輪小学校、2002年

第9章 調べ学習の事例 ── 理科・総合的な学習の時間

9-1 理科学習をサポートする学校図書館の具体的な活用

9-1-1 学校図書館の配置と図書資料活用モデル

　学校図書館は、ともすると「一部の本好きの子どもだけが集まるところ」「学校の不便で、暗いところ」などというイメージがもたれている面もある。ところが、総合的な学習の展開にともない、児童・生徒の問題解決のために、学校図書館は、従来よりもいっそうその役割が期待されている。とくに、体験しながら問題を解決する学習では、図書資料などの活用をとおしてこそ、児童自らが確かな知識をつくりあげていくといえる。つまり、児童の体験と知識を双方向的につなぐのが学校図書館である。以下では、学校図書館の具体的な配置図と整備内容にかかわる利用の仕方のモデルを理科学習を中心に説明する。

①図書

　いろいろな種類の図書が整備されている。学校によっては、この図に示したような配置に加えて、「総合的な学習」の書架の工夫をしている学校もある。とくに、理科学習では、図鑑、観察・実験のハンドブック、調べ学習の本などが配架されている。

②百科事典

　ことがらを調べるときの基本アイテムであり、索引の引き方などを指導しておくと理科学習において効果的な活用が期待される。

③各種辞典

　人名辞典、歴史辞典、地理辞典、方言辞典などがあり、理科学習の基本的な内容を調べることはもとより、発展的な学習のさいには、効果的な活用が期待される。

④新聞

　最も新しい情報が掲載されていて、とくに科学的なニュースをもとに、児童の身近な科学の出来事を朝の会での発表や理科学習に生かすことが考えられる。

⑤パンフレット

図9-1　学校図書館配置モデル

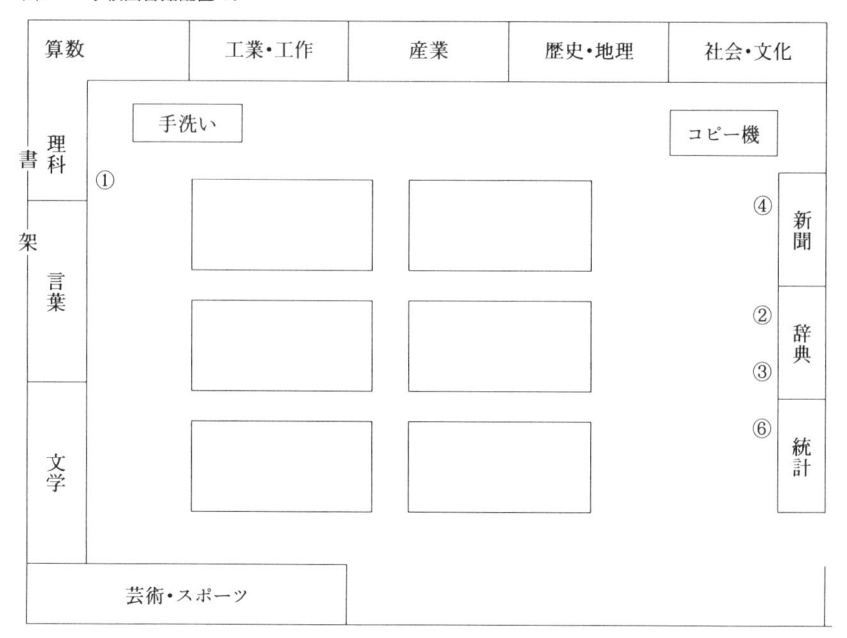

```
┌──────┬─────────┬──────┬──────────┬──────────┐
│ 算数 │ 工業・工作 │ 産業 │ 歴史・地理 │ 社会・文化 │
├──┬───┴─────────┴──────┴──────────┴───┬──────┤
│  │  ┌──────┐                  ┌──────┐ │      │
│理│  │ 手洗い │                  │コピー機│ │      │
│科│ ①                                   │ ④ 新聞│
│書│   ┌─────┐  ┌─────┐              │      │
│架│   │     │  │     │              ├──────┤
│  │   └─────┘  └─────┘              │ ② 辞典│
│言│   ┌─────┐  ┌─────┐              │ ③    │
│葉│   │     │  │     │              ├──────┤
│  │   └─────┘  └─────┘              │      │
│文│   ┌─────┐  ┌─────┐              │ ⑥ 統計│
│学│   │     │  │     │              │      │
│  │   └─────┘  └─────┘              │      │
├──┴────┬─────────────────────────────┴──────┤
│        │ 芸術・スポーツ                      │
└────────┴───────────────────────────────────┘
```

コンパクトにまとめられている情報誌である。理科学習では、とくに地域の科学館のニュースや電気・ガスなどのエネルギー館の情報、さらに、地域の公共図書館の内容の案内などの活用が期待される。

⑥統計

数値的なデータが掲載されていて、過去からの変化を読み取ることができる。とくに理科では、気象教材の学習にかかわる天候の変化や天体学習にかかわる多様なデータの活用が期待される。

⑦年鑑

各年度ごとに、グラフや図表が豊富に掲載されていて、科学の面だけではなく、広く全体的に学習するさいに効果的である。

⑧地図

社会的な地図だけではなく、温度分布や地層分布など、理科学習の視点から活用できる豊富な地図が整備されている。

⑨地域資料

地域の人びと、施設、自然などにかかわる生の資料が整備されている。とく

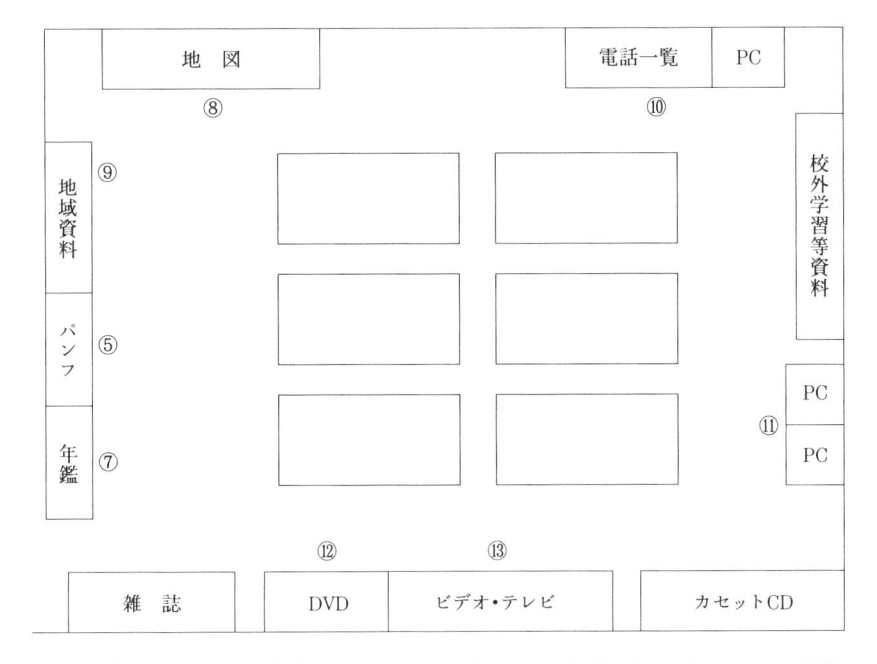

```
┌─────────────────────────────────────────────────────┐
│         │  地 図  │              │ 電話一覧 │ PC │   │
│         │   ⑧    │              │    ⑩    │     │   │
│  ⑨      │                                    │校外│
│ 地域    │   ┌──────────┐  ┌──────────┐      │学習│
│ 資料    │   │          │  │          │      │等資│
│         │   └──────────┘  └──────────┘      │料  │
│ ⑤       │   ┌──────────┐  ┌──────────┐      │    │
│パンフ   │   │          │  │          │      │ PC │
│         │   └──────────┘  └──────────┘      │ ⑪  │
│ ⑦       │   ┌──────────┐  ┌──────────┐      │ PC │
│ 年鑑    │   │          │  │          │      │    │
│         │   └──────────┘  └──────────┘      │    │
│            ⑫        ⑬                          │
│  雑 誌  │  DVD  │ ビデオ・テレビ │ カセットCD │
└─────────────────────────────────────────────────────┘
```

に、生活科や総合的な学習にかかわって収集された多様な資料とともに、児童の手による観察記録や新聞、図表などが提示されている。まさに、児童の学習の足跡が保管されている。

⑩電話番号など

　児童の学習のさいに、情報の収集先やその方法について電話番号などのコーナーがあるといい。とくに、総合的な学習や理科学習の発展のためには、児童自身の手や足で学習できるように情報を提供しておくことである。

⑪インターネット

　最も新鮮な情報が入手できる。各種の情報サイトが開かれていて、検索方法を習得していれば、有効な情報源となる。近隣の学校はもとより、学習内容に即した各学校のホームページの活用が期待される。とくに理科学習では、アメダスや気象衛星「ひまわり」の気象情報を活用した天気学習は効果的である。また、ビオトープについても関連する学校の情報が豊富である。

⑫DVD

　まだ価格が高いが、簡単な方法で広い範囲の内容が容易に検索できる点で、

今後いっそうの整備が期待される。とくに、理科学習では生物関係の学習では効果的である。
⑬ビデオテープ・カセットテープ
　視聴覚資料は、児童の体験的・問題解決的学習を資料の充実の視点から支える。とくに理科では、観察・実験の導入場面での活用から疑問をもたせたり、観察・実験の方法の獲得など効果的な活用が考えられる。

9-1-2　理科学習の興味・関心や疑問を育てる学校図書館活用
（1）興味・関心や疑問を育てる指導のポイント
　理科の学習の流れは多様に考えることができるが、ここでは次のように整理し、児童・生徒の問題解決の流れに即した指導のポイントとともに、学校図書館の活用のポイントを示す。
　理科の学習においては、児童が見とおしをもって観察・実験などをおこない、問題解決能力を身につけることが大切である。そのためには、次のような問題解決の流れが必要となる。つまり、児童が自然の事物・現象を観察し、事象に興味・関心をもち、そこに問題を見いだし、それを解決する方法を考え、観察・実験などをおこない、結果を得て、結果について話し合い、結論を得る流れである。このような問題解決の流れをとおして、児童は科学的な見方や考え方をもつようになる。

　　「興味・関心、疑問」→「問題把握」→「観察、実験」→「結果、まとめ」

　このような学習の流れが可能となるには、まず最初に児童が自然の事物・現象にはたらきかけ、そこから興味・関心を高めて、疑問をもつようにすることが大切である。
【指導のポイント】
①諸感覚を駆使し身近な自然の事物・現象とかかわる機会と時間を大切にする
　理科学習では、児童の身近にある自然の事物・現象に諸感覚を駆使してはたらきかけ、興味・関心を高め、疑問をもたせることが大切である。そのためには、児童の身近にある自然にできるだけ多く出会う機会を繰り返し、しかも十分にその時間をとるようにする。
②図書資料をもとに試行的な体験をさせる

自然の事象との出会いのなかで、児童に見たり触れたりするなど諸感覚を駆使したさまざまなかかわりをもたせるとともに、試行的な体験を十分にもたせる。たとえば、動植物の飼い方の容器を工夫したり、エサのあげ方を考えたりすることである。そのさい、学校図書館の図書資料を十分活用させるようにする。
③児童の疑問を受け止め、必要な情報を提供する

　児童が興味・関心や疑問をもったとしても、それが児童の問題になることは容易ではない。したがって、課題がもてるよう既習内容を想起させたり、過去の経験を振り返らせたり、情報を積極的に提供したりするようにする。このようなことが可能となるのが学校図書館であり、動植物の飼育の方法や図鑑などの情報を積極的に情報を提供することである。

(2) 興味・関心や疑問を育てる学校図書館活用の具体例

課題　第3学年　A　生物とその環境　単元名「こん虫の体のつくりを調べよう」

【ねらい】
　昆虫を飼育しながら観察することをとおして、昆虫の育ち方には、一定の順序があり、その体は頭・胸・腹の3つの部分からできていることをとらえる。

表9-1　活動の概要と学校図書館活用のポイント1

活動の概要	指導のポイント	図書館資料の活用	
		資料名	内容
チョウの卵を見つけよう	①	「学校のまわり──自然探検」	・花壇や野原に虫探しに出かけよう ・虫や草花の様子を調べよう──春になって ・春の校庭の虫や草花を調べよう
チョウの育ちを調べよう	②	「自然・科学のアルバム」	・ドングリの不思議 ・モンシロチョウの一生 　卵→成虫→サナギ→成虫という一定の順序がある 　　幼虫の時期は食べ物をよく食べるが、サナギの時期は物を食べずに、成虫の準備をする ・アリの世界
アゲハの体を調べよう	③	「学習図鑑──自然百科」	・花壇や野原の観察の仕方
ほかの昆虫についても調べよう	③	「飼育図鑑」 「観察記録の書き方──モンシロチョウ」	・幼虫を飼育する容器の工夫 ・毎日の世話の仕方とエサのあげ方 ・サナギの形・色・大きさを調べる
昆虫の体のつくりをまとめよう	③		・サナギの変わっていく様子を観察する ・絵や図と、気がついたことを書き加える

9-1-3 理科学習の問題をもたせる学校図書館活用

（1）問題をもたせる指導のポイント

　理科学習では、自然の事物・現象とのかかわりから児童が興味・関心を高め、いだいた疑問を児童自身が解決したくなるような問題をもつようにすることが大切である。しかし、児童が問題をもつ、しかも自ら問題をもつということはそう容易なことではない。したがって、問題をもたせることについては、児童の学年段階や子ども個々の特性を大切にしながら、ステップバイステップに考えるなどの工夫が必要である。たとえば、教師が同一の課題を提示する、教師が複数の課題を提示し選択させる、児童が課題を見いだすなどというように段階的にとらえるようにする。

【指導のポイント】

①疑問が問題となる場を設定する

　児童は、自然の事象との出会いとふれあいから対象に興味・関心をもち、そこから素朴な疑問をもつようになる。そのためには、たとえば、学校図書館に整備してある学校放送番組を利用し、1年間の動植物の変化や成長の様子を視聴し、自然のすばらしさや生命の尊さを感得したうえで、自分の問題を見いだせるようにな場を工夫することである。そして、この疑問が問題となるように解決の方法を考えさせて、解決の見とおしをもたせるようにする。

②図書資料から問題を解決する見とおしと方法をとらえさせる

　児童が自ら問題解決したくなるような問題把握をしたとしても、それを解決することは容易なことではない。そのためには、「何を」「どのように」「どのような順序」で追究していけば、児童の問題が解決できるのかという見とおしをもたせることが重要である。そして、その見とおしのもとに、具体的な観察・実験の方法を考えさせるようにする。そのさいに、たとえば、学校図書館にある観察・実験のハンドブックなどを活用することである。

③児童の問題解決のための情報を提供する

　教師の提示した問題を自分で工夫しながら解決できるようになったら、児童自らが問題を見いだすようにする。そのためには、価値ある豊かな体験を多くさせること、必要な情報を提供することなど、積極的な教師の指導が必要である。たとえば、動植物にかかわる問題を児童なりに解決したら、図書資料を活用してヘチマなど、特定の植物の成長や変化の様子を調べさせることである。

(2) 問題をもたせる学校図書館活用の具体例

> 課題　第4学年　A　生物とその環境　「季節と生き物——春」

【ねらい】

　身近な動物や植物を探したり育てたりして、春の動物の活動や植物の成長を季節の変化と関係づけながら調べて、動植物の成長と環境とのかかわりをとらえる。

9-1-4　理科学習の追究・解決を支える学校図書館活用

表9-2　活動の概要と学校図書館活用のポイント2

活動の概要	指導のポイント	図書館資料の活用	
		資料名	内容
暖かくなった春の様子を見つけよう	①	学校放送番組「季節と生き物」	・動植物の観察の視点の明確化と具体的な方法 ・年間を通じた継続観察の仕方とその実際 ・自然のすばらしさや生命の尊さの感得
動植物について自分の問題を調べよう ・草花の観察 ・落葉樹の観察 ・昆虫の観察 ・鳥の観察 ・ヘチマの観察	②	「観察、実験ハンドブック」 「自然のフィールドワーク」	・温度計の使い方 ・飼育や採集の仕方 ・観察記録の書き方 ・虫メガネの使い方 ・ピンセットの使い方 ・双眼鏡の使い方 ・フィールドスコープの使い方 ・野鳥観察のポイント
ヘチマを育てよう ・変化の様子 ・成長の条件	③	「ヘチマの育て方」	・花壇の耕し方 ・肥料を入れて土とよく混ぜる ・種を1センチの深さに、3個ずつまく ・まきひげがでたら、支え棒を立てる ・2週間ごとに、草丈を調べる

(1) 追究・解決を支える指導のポイント

　児童が自分の思いや願いに沿った問題を設定できるようになったら、追究・解決への意欲を高め持続的に取り組めるように支えることが大切である。そのためにはまず、児童が設定した問題が問題として成り立っているのかを吟味していくことである。児童の問題としてふさわしいのか、そして、追究・解決の方法が具体的に考えられるのかなど、見とおしを児童にもたせるようにすることが大切である。

　また、児童の意欲を持続化させるには、追究・解決の計画表などを作らせる

ようにしたい。
【指導のポイント】
①図書資料を活用し追究・解決の方法を具体的に考えさせる

　自分の問題を追究・解決するためには、観察、実験、インタビュー、調査・見学、製作、インターネットなどの多様な方法を具体的に考えさせることである。そしてそのなかから、自分の問題を解決するには児童がどの方法を駆使できるかを具体的に考えさせるようにする。そのさい、たとえば、学校図書館にある観察・実験の手順をわかりやすく解説している図書資料を活用しながら、自分の問題に適した方法を具体的に考えさせることである。

②インターネットを活用し、情報を収集し活用する

　理科の学習では、観察・実験をとおして具体的に問題解決できる内容が多いが、すべての学習内容で観察・実験ができるとはかぎらない。その場合は、図書館に配置している映像などの二次情報を活用した問題解決を進めなければならない。たとえば、下の課題で示したような気象教材ではとくにそうで、観測自体も難しいこともあり、インターネットなどによる情報を活用するようにする。

③追究・解決の見とおしをもたせる

　課題の追究・解決のためにどのような方法をとり、収集した資料をどのように整理し、結果をどのようにまとめていくのかについて児童に自分の追究・解決の見とおしをもたせるようにする。

④学習の計画表を作成させ、活動内容を記述させる

　追究・解決の見とおしをもとに、その具体的な内容や手順を時間経過などに即して計画表を作成させる。また、計画表に活動内容を書き、「わかったこと」や「疑問」などを書き込むようにさせる。そのさい、学校図書館にある観察・実験の結果の整理の仕方や図・表・グラフの役割や表し方などが示されている資料を活用するようにする。

(2) 追究・解決を支える学校図書館活用の具体例

課題　第5学年　C　地球と宇宙　単元名「天気の変化」

　一日の天気の様子や気温を観測し、天気によって気温の変化の仕方に違いがあることをとらえたり、映像などの気象情報を活用して天気の変化を予想したりして、天気の変化の仕方について考えをもつ。

9-1-5　理科学習の整理・まとめを進める学校図書館活用

（1）整理・まとめを進める指導のポイント

表9-3　活動の概要と学校図書館活用のポイント3

活動の概要	指導のポイント	図書館資料の活用	
		資料名	内容
気象を変化させる要因は何か ・気温 ・太陽の高さ ・地面の温度 ・湿気 ・風の強さ ・雲の量	① ③	「いろいろな調べる学習」 「図・表・グラフ」	・グループで調べる問題を話し合わせる ・観察・実験・調査・見学の計画を立てる ・観察・実験・調査・見学をする ・研究の中間発表会をする ・もう一度、観察・実験・調査・見学をする ・まとめの発表会 ・図・表・グラフの役割 ・図・表・グラフの読み方 ・図・表・グラフの書き方
天気を予想するには ・身の回りの自然の変化 ・伝承的な伝え ・インターネットを利用した天気予報	②	「わたしたちの町の名人」 「インターネットの活用」	・昔遊びを伝承する名人 ・草花栽培の名人 ・昔話の名人 ・天気情報 ・「ひまわり」の雲画像 ・アメダスの雨量データ ・雲画像と天気の関係のデータ

　整理・まとめの場面では、自分の問題を自分の方法で追究し解決したことから得た多様な情報を学習の過程や結果を振り返りながら自分の方法で整理し、結論を見いだすようにする。理科では、自然の事物・現象について理解をはかることがねらいで、児童が自然について学習前にもっているイメージや概念などをもとに、観察・実験をとおして新たに得られた情報と結び付けて、自然についての新しい体系をつくりあげていくことである。そのためには、問題→追究→結論という流れのなかに自分意識を十分にもたせることが、自然についての見方や考え方を自ら形成することにつながる。

【指導のポイント】
①図書資料を活用し、レポートや本、新聞作りなどの多様方法をとらせる

　児童は、問題解決のために、観察・実験、インタビュー、調査・見学、製作、インターネットなどの多様な方法で利用している。その結果を整理してまとめるには、レポートなどという方法を大切にしながらも、本や新聞など、自分の問題解決に即した多様な整理・まとめの方法をとらせるようにする。そのさい、参考となる図書資料を活用させる。

表9-4 活動の概要と学校図書館活用のポイント4

活動の概要	図書館資料の活用	
	資料名	内　容
崖の縞模様を調べる ・土の種類 ・平たい土の重なり	「観察と実験」	・仮説を立てる ・観察・実験の計画を立てる ・観察・実験をする
地層の積み重ねの理由を調べる ・海や川の水による積み重ね ・火山の噴火による積み重ね		・結果と予想を比べる ・自分の結論をまとめる ・話し合う ・結論をまとめる
	「調べ学習——発表会」	・レポートを作り、みんなに配る ・わかりやすく壁新聞を作る
土地のつくりと水のはたらきの「研究発表」 ・火山活動と土地 ・地震と土地	「地域の博物館」	・わかったことを絵図に表してみる ・わたしたちの町の地形 ・わたしたちの町のボーリング資料 ・わたしたちの町の土地のつくりと防災
	「地域の図書館」	・わたしたちの町の歴史と文化 ・わたしたちの町の自然と産業
学校の土地のつくり		・わたしたちの町の防災につくした人びと

②情報交換や発表の場を設定する

　同じ問題であっても追究の方法が異なれば、結論も違ってくる。また、友達の追究の方法や結果を聞くことは、自分の追究の方法や結果を見直す機会ともなる。したがって、児童どうしで活動の状況や成果を情報交換する場を設定して、よりよく解決できるようにするにはどのような問題なのか、どのように解決しようとしているのか、どこがわからないかについて、絶えず情報交換の場を設定することである。

③地域の博物館や公共の図書館を活用する

　学校図書館の図書資料の活用とともに、地域の博物館や公共の図書館を活用すると、なおいっそう学習の効果が上がるといえる。たとえば、学区域の地形を調べるにあたっては、学校にあるボーリング資料などの活用はもとより、公共の図書館にはその地域全体の地形図や図書資料が豊富に用意されている。

(2) 整理・まとめを進める学校図書館活用の具体例

課題　第6学年　C　地球と宇宙　単元名「土地のつくり」

【ねらい】

　土地やそのなかに含まれるものを観察し、土地のつくりや土地のでき方を自

然災害などと関係づけながら調べ、土地のつくりと変化をとらえさせる。

9-1-6　まとめ

　これまでの学校図書館は、ともすると、「読書」を中心とする側面が強かった。しかし、総合的な学習の時間の新設などとあいまって、学校図書館は「学習」の場として、これまで以上に活用することが求められてきている。

　とくに理科では、自然体験や問題解決的な学習を重視していて、児童の自然体験や観察・実験から得られた情報を整理し、さらに価値ある内容に高め、確かな学力を身につけさせるための学校図書館の活用が大切である。

　そのさい、体験か知識かといった二者択一的な考え方から抜け出し、体験と知識は児童の観察・実験の活動面と内実面の表裏一体であるというとらえ方をし、それらをつなぐのが、学校図書館の大切な役割である。

9-2　理科

　宇宙に関する話題というものは、インターネットを利用した調べ学習に適していると思われる。なぜならば、自分自身で天体の画像を用意することはとても難しいが、インターネットを利用すると多くの美しい天体画像を閲覧することができるからである。天文台や宇宙研究開発機構（JAXA）などは天体画像を公開していて、インターネットのサーチエンジンでたやすく見たい画像に到達することができ、さらにそれらの天体に関する解説も同時に得られることが多いので便利である。本節ではおもに『理科年表』（丸善）と政府系のホームページを検索しながら、宇宙のことについて学ぶことを意図している。小学生向きに地球・金星・火星について、中学生向きに太陽をはじめとする恒星について、高校生向きに銀河から宇宙全体のことについて取り扱ってみた。

9-2-1　地球の環境（小学生向き）

　小学校6年の理科では、ものを燃やすはたらきのある気体と、ものを燃やしたあとにできる気体の学習をする。また、人類は地球という限られた生活圏のなかで暮らしていて、必然的に環境について考えなくてはいけないことが示唆されている。

　二酸化炭素は人間が存在するだけで発生するものであり、また人類がエネル

ギー源として化石燃料を使用するかぎり、文化的・経済的活動をすればさらに多くの二酸化炭素が発生する。その二酸化炭素には熱エネルギーを吸収するはたらきがあることがわかっていて、その増加が気温の上昇すなわち「地球温暖化」を引き起こす原因の1つになっている。地球温暖化は、近年に急激に進んでいて大きな社会問題となっている。

実際に地球温暖化が進んでいるのかどうか、調べてみよう。まずは『理科年表』を使って、日本の各都市における年平均気温の経年変化を調べた。

1980年ごろから、各都市において平均気温の上昇を見て取ることができ、地球の温暖化は実際に進んでいることが確かめられる。

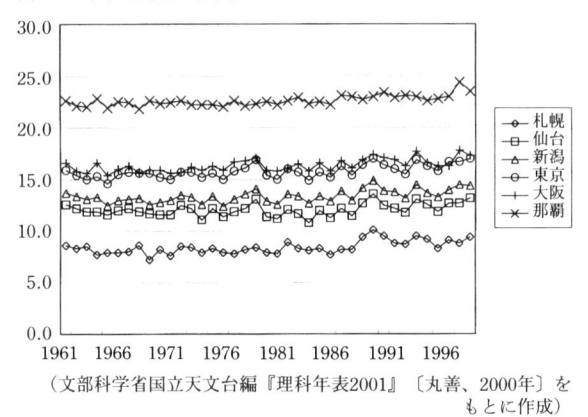

図9-2 年平均気温の累年値

（文部科学省国立天文台編『理科年表2001』〔丸善、2000年〕を
もとに作成）

インターネットを利用して、ホームページを検索することによって、地球温暖化について調べてみることも有効である。政府機関では環境問題に対して多くの情報を公開しているのでそれらを利用してみよう。サーチエンジン「Google」を使う場合は、たとえば次のようなキーワードで調べることができる。

地球　温暖化　site:go.jp

3番目のキーワード site:go.jp は、検索を政府機関のホームページに限る、という意味である。多くの有用なホームページが検索される。たとえば、気象庁 (http://www.jma.go.jp/) はリンク「気候・環境の情報」のなかで、地球温暖化に

関する情報を多く公開している。そのリンクを参照すると、
・地球温暖化が地球規模で進んでいること
・二酸化炭素は増加の一途をたどっていること
が一目瞭然である。また、気象庁では将来の気温変動の予測までおこなっている。

そのほかの省庁のホームページも調べてみよう。環境省（http://www.env.go.jp/）では、地球温暖化の問題定義からその原因・影響などを調べることができる。そのページを参照すると、地球温暖化の原因として以下のことが述べられている。
・二酸化炭素には太陽の光で温められた地表面から出る赤外線を吸収するはたらきがあり、宇宙空間への熱の放出を妨げること（温室効果）
・二酸化炭素の増加とその吸収源の減少の相乗効果が、温暖化のおもな原因であること

また、その二酸化炭素の増加の原因として、産業の発展による化石燃料の消費の増加、人口の増加、生活水準の向上などがあげられている。ここで、「二酸化炭素の吸収源」とは、森林のことである。日本の場合はどうだろうか。都市化によって森林面積は減少しているように思われるが、実際に『理科年表』によって調べてみると、森林の面積は減ってはいないことがわかる。

森林の減少は世界規模で起こっていることになる。そのことは、図書館の文献などで調べることができるだろう。

環境省のホームページで、地球温暖化の影響を調べてみると、

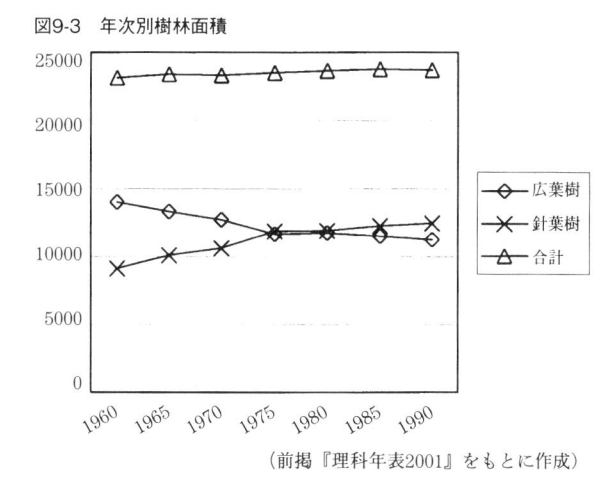

図9-3　年次別樹林面積

（前掲『理科年表2001』をもとに作成）

- 海面の上昇
- 異常気象
- 生物種の絶滅
- 生態系の破壊

などが述べられている。「海面の上昇」とは、氷河が溶けること、海水が熱によって膨張することによるということである。地図帳で調べてみれば明らかだが、地球の極地方やエベレストなどの高山には多くの氷が存在している。地球温暖化が進めばそれらの氷が溶けることは明らかであって、水、すなわち海水が増えて、海面が上昇することになる。海面が上昇したときに被害が甚大であるのは、南海の標高の低い島国である。水没の心配さえある。そのほかの国々でも海抜ゼロメートル地帯などは大変な危険にさらされるということになる。生態系への影響も大きいだろう。生物が環境の変化の大きさに順応しきれないからである。とりわけ移動スピードが遅い植物は種の絶滅が心配される。現在では、人間の手によって道路・農耕地などで植生が分断されていて、植物の移動は困難である。当然、生態系の破壊、生物の種の絶滅、砂漠化などが心配される。

　国土交通省、林野庁のホームページを調べると、地球温暖化についてそれぞれの分野でさまざまな取り組みがなされていることがわかる。低公害車、公共交通機関の利用促進、森林の整備などである。われわれもできることから、地球温暖化の防止に努めなくてはならないだろう。ホームページを検索することによって、1人ひとりがどのようなことに気をつければいいのかわかってくるだろう。基本的には、エネルギーをむだに使わないことになる。たとえば以下のようなことがあげられる。

- 電気はこまめに消す
- エアコンの温度を夏は高めに、冬は低めに設定
- ゴミはなるべく出さない

　環境の保全については、公的な機関、民間レベルでさまざまな取り組みがなされている。ほかのホームページを検索・閲覧することによって、環境についての理解がさらに深まるだろう。

　地球環境が悪化してくると、ほかの星に移り住むという考え方も出てくる。地球は、太陽の惑星の1つであり、太陽は地球のほかに7つの惑星を従えている。惑星のなかで、地球に似た星はないのかという興味が出てくる。

惑星について調べるには、たとえば宇宙航空研究開発機構（JAXA）の「宇宙情報センター」（http://spaceinfo.jaxa.jp/）などにアクセスしてみよう。太陽系の惑星は8個あり、大きく2つのグループに分けられる。地面をもつ、比較的地球と似た惑星（水星・金星・地球・火星）と大きなガス惑星（木星・土星・天王星・海王星）である。人類が移住することを考えるとすれば、地球に似た星ということになる。そのなかで、水星は太陽に近すぎるということで除外すると、この時点で候補は2つに絞られてしまう。地球の隣の惑星である金星・火星である（図9-4、図9-5）。このほかにも地球の衛星である月という候補もあるが、残念ながら月には大気がないことがわかっていて、有力な候補にはならない。

以下2つの惑星に注目していく。金星は地球と同じくらいの大きさで、地球より内側を回る惑星であり、太陽により近いということになる。火星は地球の外側を回っていて、地球の約半分の大きさをもっている。では、2つの惑星がどのような大気をもっているのか、『理科年表』を使って調べてみよう。表9-5は地球と金星・火星の大気の組成を体積百分率で示している。

金星と火星の大気は、圧倒的に二酸化炭素が多いことがわかる。金星は、地球より太陽に近いことから、温暖化が激しく、地表は摂氏400度にも達するということである。地球も二酸化炭素が増加していけば、より金星に近い環境になっていくのだろう。火星は地球より遠いところにある

図9-4 金星

図9-5 火星

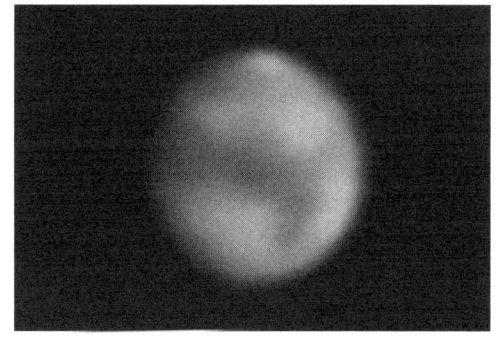

図9-4、9-5ともに画像の出典：CEC、IPA「教育用画像素材集サイト」http://www2.edu.ipa.go.jp/gz/）

表9-5 惑星の大気化学組成（体積百分率）

	金星	地球	火星
窒素	3.4	78	2.7
酸素	0.0069	21	0.13
水	0.14	1〜2.8	0.003
二酸化炭素	96	0.032	95

（『理科年表』2001年度版による）

ことから、二酸化炭素濃度が高くても、地球よりも低い地表温度であるということである。

前述のJAXA宇宙情報センターのホームページから「宇宙開発構想」のリンクを参照して、テラフォーミングについて調べてみよう。まず、地球に近い金星について考えてみよう。歴史的には、金星は火星に比べて地球に近いため、テラフォーミングの第一の対象は金星だったようである。ところが金星は、惑星探査機が壊れてしまうほどの高温・高圧の世界であり、この星を生物が生存できる環境に変えるのには大変な困難が予想されている。したがって、現在のテラフォーミングの対象は火星ということである。

火星には、これまでにいくつかの探査機が訪れていて、JAXAやアメリカ航空宇宙局（NASA）などのホームページを参照すると、その地表面の写真が公開されている。草木が一本もない、水もない、荒涼とした砂漠のような世界である。表9-5からは、水が少なく二酸化炭素で充満している大気だとわかる。また気温が低いため、図9-5でもわかるとおり、極地方では二酸化炭素が氷（ドライアイス）となっている。ところが、極冠とよばれるそのドライアイスには、水の氷も含まれていることが知られていて、気温を上げることができれば、水が得られるようである。地球では、二酸化炭素の温室効果が悪い方向にはたらくが、火星のテラフォーミングに関しては、その温室効果は気温を暖かく保つために有利な方向にはたらく。そして、植物を利用して、二酸化炭素の大気に酸素を作っていくことが考えられるということである。

原理的には可能であっても、1つの惑星を生物が住めるような環境に変えるには、大変な労力と時間がかかることはまちがいのないことだろう。そのことは、地球（すなわち太陽系）が生まれて、何十億年かが経過してようやく人が住めるような環境になってきたことからもわかる。ほかの惑星を調べることによって、地球がいかに恵まれた環境であるかがわかる。また、近い惑星とはいえ、ロケットで火星にたどり着くまでに1年程度の時間がかかるわけであり、移動するだけでも大変なでことである。テラフォーミングを考えることも重要だが、その前にこの地球をもっと大切にすることが重要だろう。とりわけ地球温暖化はわれわれよりも、そのあとに続く世代にとって大きな問題となってく

る。われわれ1人ひとりができることから環境の保護を始める、それが地球規模になれば大きな効果をもたらすと思われる。

9-2-2　太陽（中学生向き）

　中学理科では、地球から視野が広がり、太陽や太陽系惑星について学ぶ。すると、太陽はほかの太陽系天体と異なり、自ら燃えて光を出す天体であることを知る。自ら燃えるということは、エネルギーの保存則からいつかは燃え尽きるということである。太陽は燃え尽きるとどうなるのだろうか。この節では太陽について詳しく調べることにする。

　太陽は、地球・火星・金星などの惑星とは異なり、夜空に輝く星たちと同じ恒星である。太陽の光を反射して光っている惑星とは異なり、自ら燃えて光を出しているのである。では、太陽がどのようにして光っているのかホームページのサーチエンジンで調べてみよう。たとえば以下のようなキーワードで検索してみる。

　　太陽　恒星　エネルギー　site:jaxa.jp

　JAXAのサイトのなかから、太陽に関する多くのページが検索されるので、そのなかから適当なページを参照する。すると、太陽は、おもに水素・ヘリウムからできている星であり、その水素を原料にして光っていることがわかる。ところが、水素をふつうに燃焼させているわけではなく、「核融合反応」という、原子炉のなかでの反応に似た燃焼をさせているということである。そしてその燃えかすがヘリウムであるというわけである。核融合反応は、ふつうの燃焼に比べて効率がよく、太陽はあと50億年ほど光りつづけるといわれている。

　夜空に輝く恒星は、みな太陽と同じ原理で自ら光を出して光り輝いている。ところが、その星たちは原料である水素が枯渇するときがやってくるはずである。太陽も同様にその寿命が尽きるときがくるはずである。寿命が尽きた星はどのようになるのだろうか。星とはまったく違った姿になっているかもしれない。では、インターネットで恒星以外の天体について調べてみよう。ふつう恒星は点にしか見えないが、それ以外に広がりのある天体が存在し、一般に「星雲」とよばれる。図9-6は、県立ぐんま天文台のホームページ (http://www.astron.pref.gunma.jp/) で公開されているいくつかの星雲の画像である。

図9-6 (a) カニ星雲 (b) 環状星雲 (c) オリオン星雲

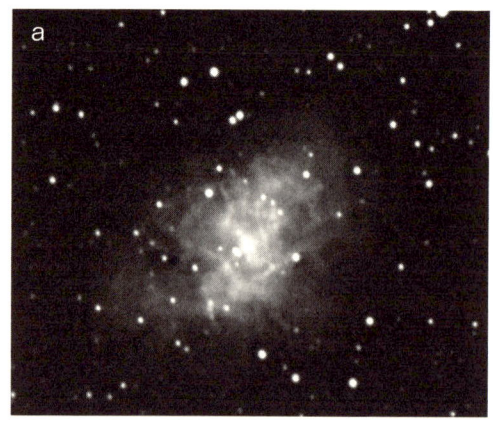

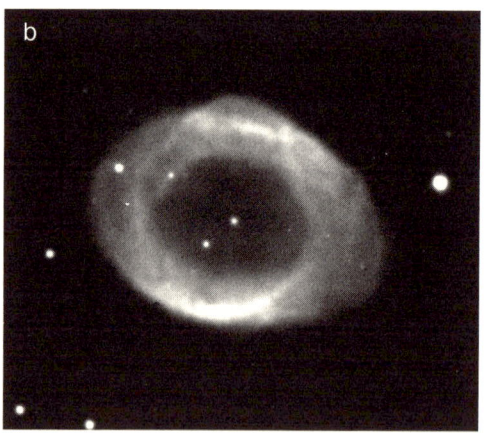

(図9-6から9-8までの画像提供：ぐんま天文台)

図9-6の (a) は、「カニ星雲」(またはM1星雲)とよばれる天体である。インターネットで「カニ星雲」について調べてみよう。この不規則な形をした天体は、どのようにしてできたのだろうか。インターネットサーチエンジンを使って、

明月記　カニ星雲

の2つのキーワードでホームページを検索してみよう。ここで『明月記』という書物は、鎌倉時代に百人一首の選者として知られる藤原定家が記していた日記である。ホームページの検索結果から、その日記のなかで1054年に昼間でも明るく見える星が出現したという記述があることがわかるだろう。当時は「客星」とよばれたその現象は、現在では「超新星爆発」とよばれる星の最期の大爆発であることも調べることができるだろう。次に超新星爆発について調べてみよう。たとえばJAXAの「宇宙情報センター」を参照すると、星が中心部の水素を使い果たすとその周囲で核融合反応を起こすようになり、それにつれて星全体が膨張を始め赤色巨星とよばれる大きく赤い星となり、やがて自分自身の重力で星全体がつぶれて超新星爆発を起こすということがわかる。このとき自分自身を吹き飛ばすことになり、前述のカニ星雲とは、ガスやちりが超新星爆発によって飛び散って膨張している姿であることがわかる。超新星爆発は比較的大きい星の最期であり、稀な現

象である。図9-7はNGC 1637銀河で起こった超新星爆発の画像である。

それでは、太陽のような比較的軽い恒星はどのような最期を迎えるのだろうか。そのことに関係する天体は、図9-6の(b)である。その天体は、環状星雲(またはM57星雲)とよばれている。インターネットで環状星雲について調べてみると、それは比較的軽い星の最期の姿であり、一般的にそのような星雲を「惑星状星雲」ということがわかる。一般的な用語である「惑星状星雲」をキーワードとすると、そのような星雲のできかたについて調べることが容易になる。たとえば国立科学博物館(http://www.kahaku.go.jp/)の「宇宙の質問箱」のページを参照してみると、軽い恒星が晩年を迎えて赤色巨星となり、その膨張によって表面の重力が弱くなり、自分自身を形成しているガスが次第に周囲へと拡散して惑星状星雲ができることが説明されている。また、環状星雲の中心に光る星は、「白色矮星」とよばれ、もとの恒星の中心部分であることがわかる。惑星状星雲はひじょうに多くの美しい画像がインターネット上に公開されていて、たとえば国立天文台のホームページ(http://www.nao.ac.jp/)にある「すばる望遠鏡(すばるギャラリー)」のリンクにハイビジョンカメラで撮影された画像が数多く公開されている。

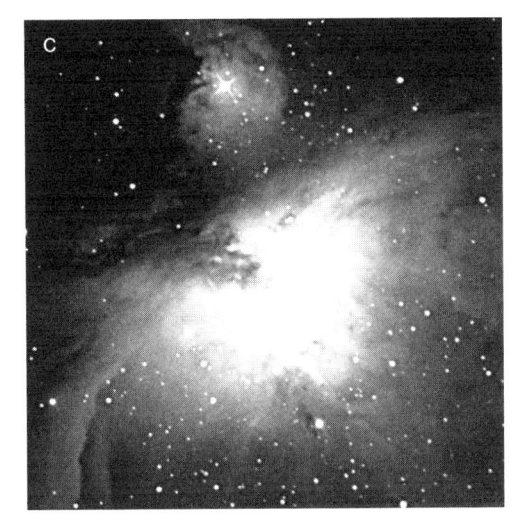

以上により、星にも寿命があり、どのような終末を迎え

図9-7 超新星爆発

るのかを調べることができた。太陽もいずれは死を迎えるときがくるわけであり不安になるのだが、そのときまで人類が地球を大切にできるかどうかのほうがむしろ重要だろう。

　超新星爆発に関するホームページを読んでいると、ほかの奇妙な天体の存在に気がつくことになる。パルサー、ブラックホールといった地球上では想像ができない天体たちである。パルサーは超新星爆発を起こした星の中心部であり、激しい圧縮により形成される高密度の小さい天体である。角砂糖一個ほどの体積でも10億トンもの重さになるという、地球上では想像ができない天体である。また、重い星が超新星爆発を起こすと、中心部にブラックホールという天体を残すことがあるというのである。星の中心部は自分自身の重力で収縮しつづけ、ついには点状になってしまうのであるが、周囲に強大な重力をおよぼし、周囲数キロメートルに近づくと光さえも脱出できないということである。

　図9-6の天体（a）と（b）はともに星が最期を迎えたところだった。すると星の数は減っていってしまうのかと心配になる。結果的にその心配はないことがわかるのだが、この件に関して、図9-6の天体（c）を調べてみよう。天体（c）は暗いところであれば肉眼で見ることができる天体であり、オリオン星雲（またはM42星雲）とよばれている。JAXAや国立科学博物館のホームページを検索すると、オリオン星雲のなかから、生まれて間もない星が多数発見されていることを調べることができる。オリオン星雲はガスやちりが集まっている領域であり、そのなかでとりわけ密度が高い部分が周囲の物質を引き付け、内部の温度が上昇することによって星となったわけである。国立科学博物館のホームページでは、太陽系がどのように誕生したのかという観点から説明がなされている。ガスが集まりつつあるとき、ガスは全体が回転しているため円盤状となり、中心から太陽が誕生し、周囲のガス円盤から惑星が誕生したということである。興味深いことは、そのようなガス円盤がオリオン星雲において多数発見されているということである。

　この章で調べたことは、科学技術振興機構の「バーチャル科学館」(http://jvsc.jst.go.jp/) の「星空紀行」のリンクにもわかりやすくまとめられている。星には誕生と死があり、星が最期を迎えるときに放出したガスから、また新たに星が生まれる。星は生死を繰り返しているというわけである。

9-2-3　銀河宇宙 （高校生向き）

高校生になると理科全般の知識も増し、人間が細胞からできていること、さらに細胞はさまざまな分子からできていること、さらに分子はいくつかの原子に分けられることを知る。さらに、その原子はさらに原子核と電子という構造をもち、さらに原子核は陽子・中性子といった粒子からできていることを学ぶ生徒も出てくる。ここでは宇宙がどのように生まれて、われわれの体をつくるまでにいたったのかをインターネット、『理科年表』などで調べ、学習する。

　まずは恒星の世界から視野を広げて、銀河のことについて調べてみよう。インターネットのサーチエンジンで、キーワード

　　銀河　site:go.jp

で検索してみよう。科学技術振興機構の「JSTバーチャル科学館」（http://jvsc.jst.go.jp/）のページなどを参照すると、多くの銀河の画像を見ることができる。すると、銀河には大きく楕円型のものと、渦巻き型の銀河があることがわかる。さらに、サーチエンジンで

　　天の川　site:go.jp

をキーワードに検索してみると、たとえば科学技術振興機構のホームページから、われわれの太陽系も1つの銀河のなかに存在しているということがわかる。すなわち、暗いところで夜空を眺めたとき、天の川が見えるということは、銀河が円盤状であり、その視線方向には星の数が多いということを物語っているというわけである。図9-8はM31銀河（アンドロメダ大星雲）である。宇宙空間にはわれわれの所属している銀河（天の川銀河）のほかにも多くの銀河が存在する。いったい銀河はいくつくらいあるのだろう。そこで、インターネットサーチエンジンで、

　　ディープフィールド　銀河

というキーワードで検索すると、すばる望遠鏡、ハッブル宇宙望遠鏡といった高性能の望遠鏡を使って撮影した数多くの銀河が写った画像を探すことができる。それらを参照すると、宇宙の一角で数多くの銀河が存在していることがわ

図9-8　M31銀河

かり、全宇宙では数えきれないほど多くの銀河があるということが実感できる。『理科年表』を参照すると、比較的われわれの近くにある銀河が、どのように並んでいるのかわかる。宇宙の大規模構造といわれる図を見ると、宇宙空間には、銀河が密集している領域もあれば、ほとんど銀河が存在しない領域もあることがわかる。

さらに『理科年表』で、銀河が密集した状態である銀河団について調べることができる。表9-6は、銀河団の赤方偏移について調べたものである。

赤方偏移とは、銀河からやってくる光を調べたとき、本来の光の波長と観測した光の波長のずれを示す数値である。本来の光の波長をλ_0、観測した光の波長をλとすれば、赤方偏移zは

$$z = \frac{\Delta \lambda}{\lambda_0} = \frac{\lambda - \lambda_0}{\lambda_0}$$

で表される。この赤方偏移とはなんだろうか。高校の物理では、音のドップラー効果について学ぶ。すなわち、動いている物体から出された音はその波長が変化する。救急車などが、われわれに近づいてくる場合と、遠ざかる場合で音が変わるのはドップラー効果のためである。じつは光は波の性質をもっていて、動いている物体から出された光はその波長が変わるのである。そして、光は波

長が長くなると光の色は赤が増したように見え、波長が短くなると青が増したように見える。表9-6での「赤方偏移」とは光の波長が赤いほうにずれていることであり、したがって多くの銀河はわれわれから遠ざかる方向に動いていることがわかる。その遠ざかる速さ（後退速度）は、赤方偏移があまり大きくない場合、音の場合と同じ計算式

表9-6　銀河団の赤方偏移

名称	赤方偏移
おとめ座銀河団	0.0039
炉座団	0.0046
ポンプ座団	0.0087
ケンタウルス座団	0.0110
かみのけ座団	0.0232
ヘルクレス座団	0.0371
かんむり座団	0.0721

（『理科年表』2001年度版による）

　　銀河の後退速度＝光の速さ×赤方偏移

で計算することができる。たとえばおとめ座銀河団は30万km／秒×0.0039＝1,170km／秒の速さで、われわれから遠ざかっていることがわかる。

　光の波長の観測を多くの銀河についておこなうことによって、遠くにある銀河はすべてわれわれから遠ざかるように動いていることがわかっている。万有引力がはたらく宇宙において遠ざかるということは不自然に感じるが、この事実は、「宇宙全体が膨張している」ために起こると理解されている。さらに、「銀河の後退速度とその銀河までの距離は比例する」という事実が1929年にハッブルよって明らかにされ、そのことは宇宙全体が一様に膨張しているということを示している。インターネットのサーチエンジンを使って「ハッブルの法則」を調べてみると、その解説がなされているホームページを数多く見つけることが可能である。

　宇宙が膨張していることを認めると、宇宙は過去にさかのぼるほど小さかったことになる。すなわち宇宙には始まりがあり、その始まりとはこの世界の物質をすべて集めた高温高圧の一点であると予想される。その一点から宇宙は爆発的に広がりはじめ、現在も膨張しつづけているというわけである。宇宙の始まりは「ビックバン」とよばれていて、現在の宇宙の膨張スピードから逆算すると、それは約137億年前に起こったとされている。おそらくビックバンが起こった当初から星が存在したとは考えにくい。ビックバンからどのようにして星が生まれ、またわれわれのような生命が生まれてきたのだろうか。そもそも、われわれの体はどのようなものからできているのだろうか。高校の生物で、わ

れわれの体は細胞からできていて、その細胞はDNAや水といった分子から構成されていることを習う。さらに分子は原子が結合してできている。高校の物理では原子についてもう少し詳しく習うことになる。すなわち、原子にも構造があり、中心部の原子核とそのまわりを回る電子に分けられることがわかっている。そして、原子核はプラスの電荷をもつ陽子と、電荷をもたない中性子が結び付いてできている。

ここで、電子はおそらく点状であると考えられているが、陽子や中性子はさらに小さいクォークとよばれる粒子が3つ集まってできていると考えられている。このクォークは単体では観測されないという奇妙な粒子である（単体として分離できない）が、その存在はほぼ明らかで、このクォークが物質の最小の単位であると考えられる（図9-9）。

おそらく宇宙が誕生してから最初に生まれてくるものは、軽く、小さいものだと考えるのが自然である。ここで、高校の物理で習うエネルギー$\underline{E}$と質量$\underline{m}$に関する式、

$E = mc^2$（ここで$\underline{c}$は光速）

が重要となる。すなわち、エネルギーが存在すれば$\underline{E} \geq \underline{mc^2}$を満たすような粒子はこの宇宙に生まれてくることができるということである。実際にそのような研究をおこなう施設が「加速器」といわれるものであり、日本では高エネルギー加速器研究機構などに代表される。加速器は粒子を加速して衝突させることにより、大きなエネルギーすなわちビックバンに近い状態をつくるわけであ

図9-9　自然の階層構造。水分子（左）、酸素原子の拡大図（中央）、原子核の拡大図（右）
　　　　右の図の3つの小さい点はクォーク。

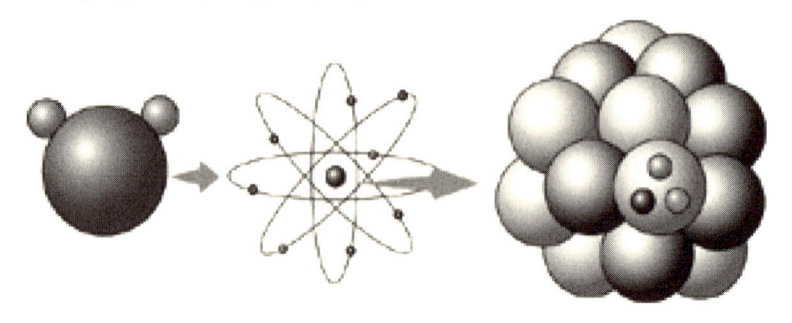

る。そして、大きなエネルギーからは多くの陽子や電子などの粒子が発生することが実際に確かめられるのである。加速器については「高エネルギー加速器研究機構キッズサイエンティスト」のページで詳しく調べることができる。

　ビックバンはたいへんな高エネルギー状態であるため、陽子や電子などの粒子が次々発生しうる。問題はそのあと宇宙はどのような進化をたどったのかということである。この問題に関しては、『宇宙創生はじめの三分間』(ダイヤモンド社)、『現代物理への招待』(培風館) に詳しい。また、ホームページでは、

- 「高エネルギー加速器研究機構キッズサイエンティスト」(http://www.kek.jp/kids/)
- 「JAXA宇宙情報センター」(http://spaceinfo.jaxa.jp/)

などを調べると、多くの図を配置したわかりやすい説明がある。それらによると、理論的に次のようなシナリオを描くことができるということである。

① ビックバンから1秒後、宇宙は約100億Kになっていて、クォークから陽子・中性子がつくられ、電子もつくられていた。
② 約3分後には、宇宙の温度は10億Kほどになり、陽子・中性子から重水素、ヘリウムなどの軽い原子核がつくられる。
③ 約10万年後、宇宙が膨張して温度が3,000Kほどまで下がると、陽子と電子の運動も衰え、原子核が電子を取り込んで水素、ヘリウムなどの原子がつくられるようになる。
④ 約10億年後、わずかなガスの密度のゆらぎから銀河や星などがつくられる。

『理科年表』で現在の宇宙の元素組成を調べてみると、ほとんどが水素とヘリウムでありその比は約7:3である。その存在比は、このシナリオから理論的に予測される値と一致するということである。

　このシナリオでは、宇宙の初期には水素、ヘリウムなどの軽い元素しか生まれてくることができない。それでは、われわれの体をつくる炭素や酸素、鉄といった重い元素はどのように生まれてきたのかという疑問がわいてくる。前述の「JAXA宇宙情報センター」のホームページを調べてみると、星は超新星爆発時に重い元素をつくりだすことが述べられている。そして、爆発時にそれらの重い元素を宇宙空間に放出するのである。したがって、地球が生まれる前にたくさんの星たちが死んでいったのだと想像がつく。宇宙が誕生してから高等生命が生まれるまでに、たくさんの出来事があったということである。そのことはビックバンから現在までを1年に換算すると実感できる。それはいわゆる

宇宙カレンダーといわれるものであるが、1月1日をビックバンとすると地球の誕生は9月、脊椎動物である魚類の出現が12月20日、人類の出現は12月31日の午後10時過ぎということである。このように宇宙の長い時間からみれば、人類の文明はあっという間のできごとである。ところが、このように宇宙が長い時間をかけて用意してくれた地球を、人類は文明によって壊している側面もあるわけである。われわれ人類は地球をもっと大切にしていかなくてはいけないだろう。

9-2-4 まとめ

本章では、おもに『理科年表』とインターネットを利用して、地球と宇宙について調べた。宇宙に関する情報は多くのサイトで公開されていて、インターネットで簡単に調べることができる。それらのサイトは画像を多く使用し、説明もていねいになされていて興味を引かれるものが多い。ここでは国内のサイトに限ったが、中・高校生で英語に慣れてくれば海外の魅力的なサイトを利用することもできる。近年、生徒の理科離れが進んでいると言われるが、このような調べ学習をとおして、理科の分野に興味を示す生徒が増えてくれることを願う。

9-3　総合的な学習の時間

総合的な学習の時間は、2000年10月告示で学校指導要領の総則のなかに位置づけられ、各学校で取り組むべきものとされた。そのねらいは、次の2点である。

①自ら課題を見つけ、自ら学び、自ら考え、主体的に判断し、よりよく問題を解決する資質や能力を育成する。
②学び方やものの考え方を身につけて、問題の解決や探究活動に主体的・創造的・協同的に取り組む態度を育て、自己の生き方を考えることができるようにする。

本節では、川越市立川越小学校の取り組みを実例として取り上げながら、総合的な学習の時間との関係での、学校図書館における取り組みを考察する。

9-3-1 学校と学校図書館の概要

川越小学校は川越市の中心の位置にあり、周辺に市役所、市民会館、博物館、美術館、中央図書館、蔵造りの街並みが続く一番街などがある。江戸時代の本丸御殿も歩いて数分のところにある。総合的な学習の時間のために市立中央図書館を使うこともできる。図書館担当の教師のほかに学校図書整理員（市公費雇用）がいる。

図書館の開館時間は登校から下校時まで常時開館している。授業で利用したり、個人で利用したり、貸出数も多い。

9-3-2 総合的な学習の時間への取り組み

川越小学校の総合的な学習への取り組みは2000年度から始まった。総合的な学習の時間「くすのきタイム」の全体計画を立てて他教科との関連を図っている。各学年の取り組み、学年間の調整など、全職員で話し合って進めてきた。「くすのきタイム」の目標を次のように掲げている。

課題　自らの課題を見つけ、自ら学び、自ら考え、主体的に判断し、よりよく問題を解決する資質や能力を育てる。

学び方やものの考え方を身につけ、問題の解決や探求活動に主体的・創造的に取り組む態度を育て、自己の生き方を考えることができるようにする。

児童につけたい力（評価の観点）
・問題解決能力
・進んでかかわろうとする力
・追究しつづける力
・生活に生かす力
・コミュニケーションの力
・自己を見つめ、自己を高めていく力

以上のように、児童につけたい力に指導の重点を置き、計画的に授業を進めている。また、授業実践をふまえて、評価を積み重ね加除・修正をしながら取

図9-10　学校図書館教育全体計画

学校教育目標
進んで考える子
誰とでも仲よくする子
やりぬく強い子

学校図書館に関する重点目標
- 生涯にわたり、自ら学ぶ意欲・態度を育成する。
- 学校図書館に親しみ、読書の楽しさと喜びを味わうことができるようにする。
- 学校図書館および図書館資料が効果的に活用できるようにする。
- 学校図書館利用に必要とされる基礎的な知識・技能・態度を育成する。

各学年の読書指導の重点目標

	第1・2学年	第3・4学年	第5・6学年
読書指導	楽しんで読書しようとする態度を育てる。	幅広く読書しようとする態度を育てる。	読書をとおして考えを広げたり、深めたりしようとする態度を育てる。
利用・活用	学校図書館に親しませ、図書館利用の基礎的な事項を理解させる。	学校図書館の利用の仕方に慣れさせ、図書や図書以外の資料から情報を検索する方法を身につけさせる。	学校図書館の資料を積極的に活用しようとする態度や目的に応じて処理できる能力を養う。

各教科・くすのきタイム
- 知識や情報を適切に収集して、活用・保存することができるようにする。
- 読書に親しみ、望ましい読書力を高めるとともに、読書活動を深化・拡充しながら各教科の目標達成に迫る。

道徳
- いろいろな読み物資料をとおして、道徳的心情を豊かにする授業内容の充実を図る。
- 読書資料をとおして、自主的に考え判断したり、主体的に価値を自覚し望ましい行為を選択したりする態度を育てる。

特別活動

児童会活動・学級活動など
- 学校図書館の利用指導に関する望ましい知識・技能態度を身につけさせる。
- 学級の読書活動と連携をとりながら、図書委員会の活動に参加させる。
- 学級活動をとおして、自発的に図書館とのつながりを深めさせる。

学校行事
- 読書月間行事などに進んで参加させる。
- 各種行事に資料を生かすことができるようにする。

教育課程外活動

個別指導
- 個人の興味、関心に応じた読書活動を奨励する。
- 読書記録ノートの活用を図る
- 読書相談を実施する。

読書の時間
- 読書指導を強化する（読み聞かせ、ブックトーク、自由読書などを実施する）。

生徒指導
- あらゆる機会を生かして豊かな人間性を育成し、自己実現を図る。

家庭・地域社会との連携
- PTAおよび公共図書館との連携を図る。
- 図書館・学校・学年だよりによる啓蒙。
- 家庭における読書の習慣化を図る。
- 学習協力者による読み聞かせ。

図9-11　総合的な学習の時間「くすのきタイム」全体計画

- 憲法
- 教育基本法
- 学習指導要領
- 埼玉県教育課程編成要領
- 埼玉県教育行政重点施策
- 埼玉県指導の重点・努力点
- 川越市教育行政の方針と重点

〔学校教育目標〕
- 進んで考える子
- 誰とでも仲よくする子
- やりぬく強い子

- 社会の要請
- 地域の実態
- 児童の実態
- 保護者の願い
- 教師の願い

総合的な学習の時間「くすのきタイム」の目標
◎自らの課題を見つけ、自ら学び、自ら考え、主体的に判断し、よりよく問題を解決する資質や能力を育てる。
◎学び方やものの考え方を身につけ、問題の解決や探求活動に主体的・創造的に取り組む態度を育て自己の生き方を考えることができるようにする。

（関心・意欲・態度）　国語　社会　算数　　　　　　　　　特別活動　道徳（知識・理解）
各　　教　　科　　など
理科　　生活　　音楽　　図画工作　　家庭
（思考・判断）　　　　　（技能・表現）

児童につけたい力（評価の観点）
○問題解決能力
・進んでかかわろうとする力
・追究し続ける力
・生活に生かす力
○コミュニケーションの力
○自己を見つめ、自己を高めていく力

「くすのきタイム」の指導の重点
○1人ひとりの児童が自ら問題を発見し、解決の見通しを持ちながら追究していく問題解決の過程を重視する。
○現代およびこれからの社会の課題を含む内容や児童1人ひとりの興味・関心・思い・願いを大切にしながら学習を展開する。
○地域の教材、児童にとって身近な教材を大切に取り上げ地域の人とのかかわりを深め、直接体験を重視する。
○「いのち」「くらし」「ふれあい」を振り返る視点として、自己の生き方を見つめ直していけるようにする。

自己の生き方について振り返る視点
○「いのち」
　生きている実感や生命あるものへの関心
○「くらし」
　たんに物質的ではない豊かな生活の仕方
○「ふれあい」
　人やその他のものとのかかわりやつながり

「くすのきタイム」年間指導計画

学年	単元名	振り返る視点 いのち	くらし	ふれあい	横断的・総合的な課題
3	自然がいっぱい　川越	◎		○	環境
	自まんしたいね　川越		◎	○	地域
	やさしいよ　川越	◎	◎	○	福祉
	世界って楽しいな	○	○	◎	国際理解
	受けつぎ守っていくよ	○	◎	○	地域（文化・伝統）
4	共に生きる	◎	○	○	福祉
	考えよう環境について	◎	◎	○	環境
	楽しい林間学校	○	○	◎	地域　環境
5	知ろうよ世界の国々のこと・人々のこと	○	○	◎	国際理解
	世界と日本と私	○	○	◎	国際理解
	日光と川越と私	○	◎	○	地域（文化・伝統）
6	自分を見つめて　（卒業研究）	○	○	○	すべてのもの
7組	行ってみようやってみよう……	○	○	◎	地域　福祉

○家庭との連携（学年・学級PTA、学校・学年通信、学習協力者の依頼）
○地域社会との連携（学校周辺の地域住民の方々、学校周辺の店・施設）
○関係機関との連携（川越市役所、公民館、博物館、図書館、資料館、社会福祉協議会）

り組んでいる。

9-3-3 「くすのきタイム」の年間計画と学校図書館

3年　環境　自然がいっぱい　川越
　　　地域　自まんしたいね　川越
　　　福祉　やさしいよ　川越

4年　国際理解　世界って楽しいな
　　　地域（文化・伝統）受けつぎ守っていくよ
　　　福祉　共に生きる

5年　環境　考えよう環境について
　　　地域・環境　楽しい林間学校
　　　国際理解　知ろうよ世界の国々のこと・人々のこと

6年　国際理解　世界と日本と私
　　　地域（文化・伝統）日光と川越と私
　　　すべてのもの　自分を見つめて

　以上の年間計画を立てて、それに合った資料の収集をおこなっている。たとえば、環境については、植物図鑑、昆虫図鑑、ポケット図鑑類、ゴミ関係の本、川に関する本、川越市や埼玉県から出されているさまざまな環境に対する資料などを集めている。また、地域については、川越市の一番街の地図、本丸御殿のチラシ、そのほかの資料やさまざまな見学場所で手に入る資料、城に関する本などである。福祉については、点字の本、手話の本、障害のある方についての本、バリアフリーに関する本、盲導犬や介助犬の本などがそれにあたる。国際理解については、世界中の国々のことが書いてある本やガイドブック、国ごとの写真集、世界の人びとの衣食住に関する本、世界の国々の言語についての本など、である。
　図書館にある資料だけでなく、旅行などでおのおのの課題に応じたさまざまなリーフレットやパンフレットの収集もおこない、児童が問題解決に取り組むと

図9-12 「総合的な学習の時間」の学び方

ねらい
◎自らの課題を見つけ、自ら学び、自ら考え、主体的に判断し、よりよく問題を解決する資質や能力を育てる。→「自らの問題解決の力」の力を育てる。
◎学び方やものの考え方を身につけ、問題の解決や探求活動に主体的・創造的に取り組む態度を育て、自己の生き方を考えることができるようにする。
　　　　　　→「生き方への振り返りを含めた広い意味での学び方」を育てること

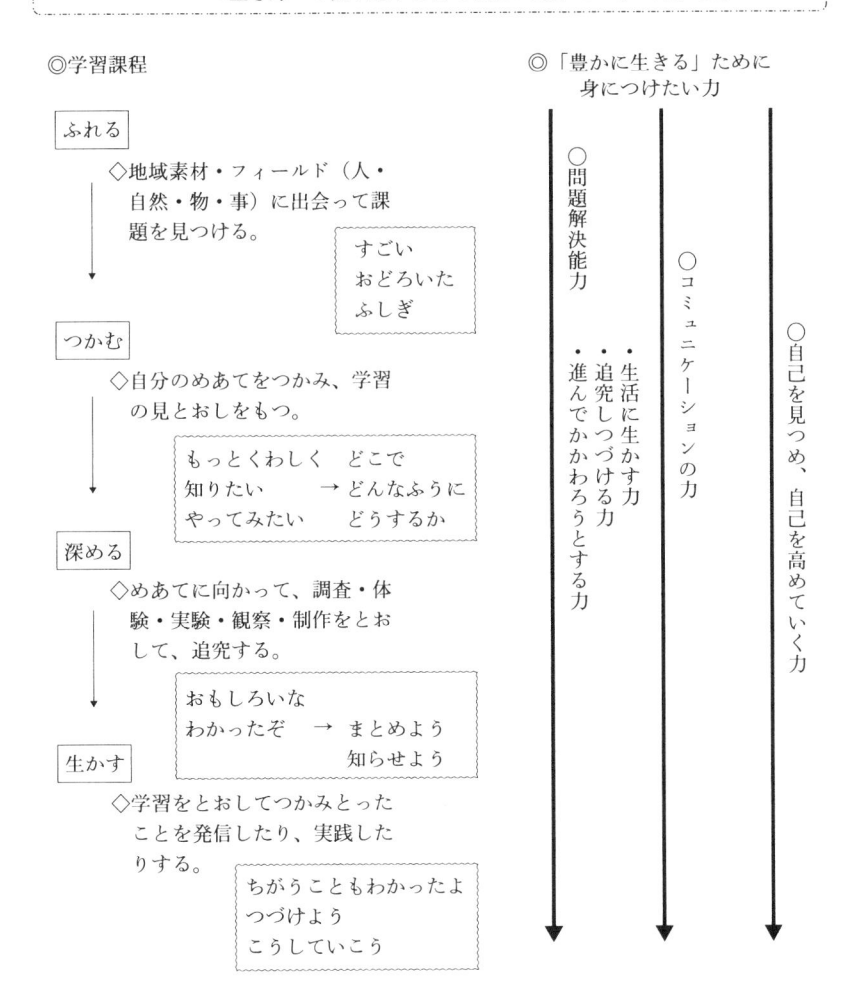

◎学習課程

| ふれる |
◇地域素材・フィールド（人・自然・物・事）に出会って課題を見つける。
　　すごい
　　おどろいた
　　ふしぎ

| つかむ |
◇自分のめあてをつかみ、学習の見とおしをもつ。
　　もっとくわしく　どこで
　　知りたい　　→　どんなふうに
　　やってみたい　　どうするか

| 深める |
◇めあてに向かって、調査・体験・実験・観察・制作をとおして、追究する。
　　おもしろいな
　　わかったぞ　→　まとめよう
　　　　　　　　　　知らせよう

| 生かす |
◇学習をとおしてつかみとったことを発信したり、実践したりする。
　　ちがうこともわかったよ
　　つづけよう
　　こうしていこう

◎「豊かに生きる」ために身につけたい力

○問題解決能力
・生活に生かす力
・追究しつづける力
・進んでかかわろうとする力

○コミュニケーションの力

○自己を見つめ、自己を高めていく力

9-3　総合的な学習の時間

き複数の資料にあたって調べられるようにしている。また、郷土資料などは、年数をかけた計画的な資料収集をおこない整備に努めることが重要になってくる。どうしても自校では足りない資料がある場合は、市立図書館からの貸出もしてもらっている。

9-3-4 「くすのきタイム」の学習課程と学校図書館のかかわり

「くすのきタイム」が学校図書館とかかわるのは、調べる過程だけではない。導入部分である「ふれる」、課題決定の「つかむ」、まとめ、発信などのさまざまな学習課程で活用することができる。

「くすのきタイム」でとくに大切にしていることは、課題を決めるまでの過程である。個々の児童が自分の課題を明確にもつことで、学習のめあてがはっきりして、その後の学習展開が効率的に進むものである。ここでは、学習課程のなかでとくに課題決定の過程に注目してどのように学校図書館がかかわれるのか考えてみたい。

学習課程のなかで、子どもたちの学びは変化していく。大きなテーマのなかで各自が自分の課題を見つけていくためには十分にそのテーマにふれることが必要である。話を聞く、ビデオを見る、本を読むなどできるかぎりいろいろなことにふれさせたい。図書館にもたくさんの資料を用意して支援していきたい。「つかむ」では、自分の課題を明確にもち、見とおしをもつことが重要になる。このとき、どの資料を使ってどのように調べていくか、どのような調べ方があるか、適切な支援をしていけるようにしたい。各自が課題を追求していくために必要な資料を学校図書館では十分に用意したい。まとめ方、発信の方法も工夫できるようにいろいろなパンフレットなども用意したい。このように、それぞれの学習課程に応じた学校図書館からの支援が考えられる。

総合的な学習の時間を充実させるためには、授業者と司書教諭が綿密な計画を立てて、どのような資料をいつ子どもたちに提供していくか、十分に話し合うことが大切になる。また、どのようにしたら必要な資料を手に入れることができるか、子どもたちに考えさせたり、どのような支援をしていくのかも事前に話し合っておくことが重要である。深める段階で、資料をまる写しているような場合は適切な指導が必要である。低学年のうちから著作権のことにもふれ、わかりやすく指導していかなければならない。出典を明らかにすること、引用文にはカギかっこをつけることなど具体的に指導していきたいものである。

表9-7　学習課程における学校図書館とのかかわり

	学習課程	学校図書館とのかかわり
ふれる	・地域素材・人・自然・物・事に出会って課題を見つける。 　→すごい／おどろいた／ふしぎ	・ブックトークをして、考える窓口を広げる。 ・ビデオを見せる
つかむ	・自分のめあてをつかみ、学習の見とおしをもつ。 　→もっとくわしく知りたい、やってみたい	・どこで、どうするか
深める	・めあてに向かって、調査・体験・実験・観察・製作をとおして、追究する 　→おもしろいな／わかったぞ、まとめよう／知らせよう	・たくさんの資料を用意して課題解決できるようにする。
生かす	・学習をとおしてつかみとったことを発信したり、実践したりする。 　→違うこともわかったよ／続けていこう	・パンフレットなど発信の方法を具体的にアドバイスするための資料を用意する。

　また、資料を参考にする場合1つの資料だけで納得するのではなく、いくつかの資料を使って調べていくことをきちんと指導しないと、子どもたちは安易に1つの資料でまとめようとするので気をつけたい。

9-3-5　総合的な学習の時間に役立つ資料の選択と収集・整備

　総合的な学習の時間には長期的な見とおしをもって資料収集をおこなうことが大切である。しかも、図書館予算などが限られている現状をふまえて資料収集にあたる必要がある。したがって、資料の選択のさいには、子どもたちにとって適切な資料なのかの見きわめもしていかなければならない。同じ国際理解でも4年生が使える資料と6年生が使える資料は違う。また課題が個々の児童によって違うためにかなり多方面からの資料が必要になる。旅行に行ったときのパンフレットや電力会社や市役所が出しているリーフレットなども有効に使えるので普段からの収集に努めたい。また、子ども用の百科事典などはたくさん必要なので複本で用意しておきたい。6年生になると大人向けの資料もかなり使えるようになるので、学外の図書館からのリサイクル本や寄贈本・リーフレット・パンフレット・絵はがきなども資料として十分に活用したい。

　総合的な学習の時間に使用する資料をどこに置くかは、学校の実態によって工夫が大切になるだろう。図書館利用の指導が徹底していれば分類ごとの配架でよいが、場合によってはテーマごとのコーナーをつくって期間限定で資料を別置するのも使いやすい。

また、児童が調べまとめた資料をどのように保管し活用するかは、著作権の問題もあるので慎重に扱いたい。

図書資料だけでなく、ビデオや模型、学習に役立つと思われるあらゆる資料をできるだけ収集しておくことが学習の幅を広げることになる。学校図書館としては、資料の対象を限定するのでなく柔軟性をもって児童の学習に役立つ資料を多く揃えたい。

9-3-6　公共図書館との連携

公共図書館と学校図書館との連携も重要である。川越市の公共図書館は、事前に連絡をしておけば必要な資料を準備しておいてくれる。また、クラス単位で1カ月に100冊の集団貸出ができる。また川越小学校の場合は、徒歩で5分のところに中央図書館があり、1時間の授業で十分に図書館に行ってこられるので積極的に利用している。

こうした関係をつくるためにも、普段から学校図書館と市立図書館が連絡を密にしておくことが必要である。一方、教師が普段から市立図書館を利用して、どこにどんな本があるか知っていることでさらに利用がしやすくなる。また、必要に応じて資料を揃えてもらったり、資料があるかどうか調べてもらったりするなどのレファレンスを受けることができる。

さらに子どもたち自身が普段から公共図書館を利用していることも重要である。川越小学校の子どもたちは、1年生のとき中央図書館の貸出カードを作って利用しているので、3年生で総合的な学習の時間が始まっても中央図書館の利用には困らない。

最近では、中央図書館を利用する学校が増えて、中央図書館が対応するために3日前にファクスで連絡をとるようになった。しかし、それでも計画的に利用できることのメリットは大きい。

学校によって、総合的な学習の時間の内容は違うので、同じ資料を同時に複数の学校の生徒が使うことが少なく利用にも大きな問題はない。また、市立図書館から借りて使いやすい本や資料の価値の高い本は、学校図書館で購入を検討することも考えられる。

1校の蔵書数には限りがあるので、これからも公共図書館との連携を図っていきたい。

9-3-7　まとめ

　総合的な学習の時間が始まり、いままで以上に教科書だけで学ぶ授業から複数の資料を使う授業が展開されるようになった。総合的な学習を支えるための学校図書館の役割は大きい。司書教諭が中心となって、各学校の総合的な学習の時間に必要な資料収集に努め、適切な指導をすることで、情報化時代に生きる子どもたちに情報収集の力や選択の力がついていくだろう。これから、たくさんの教育実践のなかで学校図書館がさらに必要とされるようになるよう、情報源として高い機能をもち、子どもたちの学習に役立つ学校図書館を整備していきたい。

◆参考文献
【理科】
磯部琇三『宇宙のしくみ』日本実業出版社、1993年
岡本博司『環境科学の基礎』東京電機大学出版局、2002年
尾崎洋二『宇宙科学入門』東京大学出版会、1996年
加藤万里子『新・100億年を翔ける宇宙』恒星社厚生閣、1989年
木下紀正／八田明夫『地球と環境の科学』東京教学社、2002年
高瀬文志郎『星・銀河・宇宙──100億光年ズームアップ』地人書館、1994年
野本陽代／R・ウィリアムズ『ハッブル望遠鏡が見た宇宙』岩波書店、1997年
沼澤茂美／脇屋奈々代『HST ハッブル宇宙望遠鏡がとらえた宇宙』誠文堂新光社、1997年
広瀬立成『現代物理への招待』培風館、1987年
文部科学省国立天文台編『理科年表2001』丸善、2000年
S・ワインバーグ『宇宙創成はじめの三分間』ダイヤモンド社、1995年

索引

あ

一読総合法　119-20
イメージマップ　99, 102
インターネット
　　——情報源　85-7, 94
　　——検索　68, 78, 83
ウェビング　102
オフライン　74-5
　　——検索　75, 83
オンライン　31, 74-7, 92, 105
　　——検索　75, 83
　　——辞書　91

か

学校図書館
　　——図書整備5か年計画　13
　　——図書整備新5か年計画　13
　　——の手引き　12
　　——法　11-2, 25
キーワード検索　105
教育課程の展開　11-3, 20, 39
興味・関心　11, 99, 156-8
高度情報社会　15
高度情報通信ネットワーク社会　13, 81, 83-4
コンテンツ
　　インストラクショナル・ツール・——　82-3
　　インフォメーション・ツール・——　82
　　コア・——　82
　　リサーチ・ツール・——　82
　　レファレンス・ツール・——　82

さ

索引　31, 42, 51, 54-5, 59-60, 62, 64, 86, 97, 105, 108, 123, 153

サーチエンジン　31, 78-80, 85-8, 92, 94, 105, 163-4, 169-70, 173, 175
　　総合的な——　85-7, 94
　　子ども向け——　87
　　特定分野の——　87
シーライ・コンテンツ・モデル　81-4
自己学習能力　26
視聴覚教材　121
生涯学習　13, 15, 20
情報
　　——カード　31, 41, 42, 109-14, 117
　　——検索　72-3, 75-6, 83
　　——交換　37, 162
　　——サービス　37, 46-8, 56-8, 72-3, 75-8, 80, 83
　　——探索　27, 31, 36, 44, 97, 103, 117
　　——リテラシー　27-8, 48, 70, 126
書誌　31, 42, 59-60, 97, 105, 108, 110
資料リスト　31, 34-5, 105, 108, 110-1, 114
整理・まとめ　161-2
総合的な学習の時間　25, 36, 40, 48, 53, 163, 178, 179, 181, 183-6

た

第一次教育使節団報告書　12
第二次米国教育使節団報告書　12
チームティーチング　21, 37-8, 40, 133
知識伝達型教育　13, 20
追究・解決　159-60
ディベート　41, 111, 120-1, 131-3
ディレクトリ　78-80, 86
データベース
　　インハウス・——　74-5
　　オープン・——　75
　　オフライン・——　74, 76

オンライン・—— 74, 76
　　商用—— 74-5, 78
　　パーソナル・—— 75
　　ファクト（ソース）・—— 74
　　マルチメディア・—— 74, 76
　　目的別—— 89
デジタル百科事典 76-8

は

パスファインダー 57, 67, 69, 105
パッケージ型 75
ファイル資料 31, 32-3, 110
ブラウジング 31, 98, 104
ブレーンストーミング 29, 98
ページの検索方法 85
ポートフォリオ評価 117

ま

ミレニアムプロジェクト「教育の情報化」 72-3, 78
メディア専門職 36
メニュー検索方式 76
目録 30-3, 43, 46, 49-52, 54, 55, 57, 59, 66, 71, 90-1, 97, 104-5
　　カード—— 32, 104
　　件名—— 104
　　コンピュータ—— 30-2, 104
　　書名—— 104
　　著者—— 52, 104
　　分類—— 104
問題解決能力 22, 156, 179, 181, 183

ら

『理科年表』 163-5, 167, 173-4, 177-8
リンク集 85-8, 91-2, 94, 105
レファレンス
　　——ツール 52-3, 57, 67, 70, 86, 88
　　——サービス 32-3, 46-9, 52-8, 66-7, 70, 72
レフェラルサービス 73, 80, 83-4

ARPANET 78

CD-ROM 30-1, 70, 72, 74-7, 83, 104-5, 106
DVD-ROM 72, 75-6
KJ法 29-30
OECD学習到達度調査（PISA） 16, 20

［シリーズ監修者略歴］
志村尚夫（しむら・ひさお）
早稲田大学法学部卒業
図書館情報大学名誉教授、前十文字学園女子大学社会情報学部教授、同大学情報・資料センター所長。文部科学省「今後の学校図書館の整備の在り方に関する検討ワーキンググループ」委員
著書に、『目録学序説』（学芸図書）、共著書に、『地域圏情報誌データベースにかかわる情報組織化の一考察』（情報処理学会研究報告）、『新しい時代に対応した学校図書館の施設・環境づくり』（文部科学省）ほか

天道佐津子（てんどう・さつこ）
広島大学文学部卒業
東京学芸大学講師、埼玉大学講師、青山学院大学講師、中央大学講師などをへて、現在、放送大学客員教授、全国学校図書館協議会参与
編著書に、『学校経営と学校図書館』（放送大学教育振興会）、『学習指導と学校図書館』（全国学校図書館協議会）、『新学校図書館通論』改訂版（学芸図書）、共著書に、『学校経営と学校図書館』（樹村房）ほか

［著者略歴］
大串夏身（おおぐし・なつみ）
昭和女子大学大学院生活機構研究科・人間社会学部教授、日本学校図書館学会理事
専攻は、図書館情報学、江戸東京学、日本近代史
著書に、『図書館の可能性』『文科系学生の情報術』（ともに青弓社）、『情報を探す技術捨てる技術』（ダイヤモンド社）ほか多数

足立正治（あだち・まさはる）
京都外国語大学英米語学科卒業
甲南高等学校・中学校、大阪大学外国語学部などで非常勤講師
1988-89年、カリフォルニア州立大学ソノマ校でクリティカル・シンキング教育を研究
共監訳書に、『インフォメーション・パワーが教育を変える！』（高陵社書店）、共著書に、『言語学』（東京法令出版）ほか

小山響子（こやま・きょうこ）
千葉大学教育学部卒業
東京都立図書館勤務、都立中野工業高校図書館、都立多摩図書館児童青少年資料係長など

金沢みどり（かなざわ・みどり）
東洋英和女学院大学人間科学部教授、日本学校図書館学会理事
専攻は、図書館情報学、図書館文化論、社会教育学
著書に、『図書館サービス論』（学文社）、『図書館情報サービス論』（勉誠出版）、『児童サービス論』（学文社）、『学校教育における図書と情報教育』（青山社）、編著書に、『人間福祉論』（東洋英和女学院出版部）ほか

池田美千絵（いけだ・みちえ）
筑波大学大学院図書館情報メディア研究科博士前期課程修了
昭和女子大学短期大学部助手

上瀧栄治（こうたき・えいじ）
早稲田大学第二文学部日本文学科卒業
帝京高等学校教諭（国語科）、司書教諭

藤森馨（ふじもり・かおる）
國學院大學大学院文学研究科博士後期課程単位取得退学。博士（宗教学）
国士舘大学教授
専攻は、図書館情報学、神道史、書誌学
著書に、『改訂増補　平安時代の宮廷祭祀と神祇官人』（原書房）、共著書に、『後白河院』（吉川弘文館）ほか

小川哲男（おがわ・てつお）
宮城教育大学教育学部教育学科卒業
東京都公立小学校教諭、東京都教育委員会指導主事をへて、現在、昭和女子大学大学院生活機構研究科教授、博士（教育学）
専攻は、教育方法、理科教育
著書に、『総合的な学習カリキュラムデザイン』『総合と教科をつなぐカリキュラムデザインと評価の実際』（ともに東洋館出版社）、共著書に『「総合的な学習」のための学校図書館活用術』（学事出版）

北原俊一（きたはら・しゅんいち）
金沢大学大学院博士課程修了。博士（理学）
十文字学園女子大学講師
専攻は、素粒子物理学
共著書に、『情報メディアの活用と展開』（青弓社）

山田万紀恵（やまだ・まきえ）
大妻女子大学家政学部児童学科卒業
埼玉県川越市新宿小学校教諭、司書教諭
全国学校図書館協議会参事
共著書に、『学ぶ喜びを広げる司書教諭の活動』（全校学校図書館協議会）ほか

［学校図書館図解・演習シリーズ 3］

学習指導・調べ学習と学校図書館　改訂版

発行	2009年8月20日　第1刷	
定価	1800円＋税	
監修者	志村尚夫／天道佐津子	
編著者	大串夏身	
発行者	矢野恵二	
発行所	株式会社青弓社 〒101-0061　東京都千代田区三崎町3-3-4 電話 03-3265-8548（代） http://www.seikyusha.co.jp	
印刷所	厚徳社	
製本所	厚徳社	

©2009
ISBN978-4-7872-0044-0 C3300

学校図書館図解・演習シリーズ 全5巻

中山伸一編著
情報メディアの活用と展開 改訂版
高度情報時代のいま、知の最前線＝学校図書館で必要な新たな情報活用スキルを解説し、デジタルメディアの急速な普及で激変する図書館環境に対応できる司書教諭を養成する。　1800円＋税

志村尚夫編著
学校図書館メディアの構成とその組織化　改訂版
デジタル時代に即した新しいメディアの収集・管理の指針を示し、それぞれに適した効率的・実践的な分類・整理法を提案することで、従来の学校図書館のメディア構成に対して再考を促す。1800円＋税

大串夏身編著
学習指導・調べ学習と学校図書館　改訂版
激変する社会状況やあふれる情報に流されることなく、主体的に生きるために必要なメディア活用能力を身につけるための空間である学校図書館の可能性と司書教諭の役割を解説する。　1800円＋税

北克一編著
学校経営と学校図書館、その展望　改訂版
学校司書の法制化など山積する課題を乗り越えて、限られた予算内で多様化するメディアを扱いながら利便性を確保し、豊かな学びの空間としての学校図書館を経営するための指針を示す。1800円＋税

天道佐津子編著
読書と豊かな人間性の育成
子どもたちの読書離れや文字離れが深刻な問題になっているいま、子どもの情緒や知性を内面から豊かにして、成長・発達を助けるために学校図書館が実践すべき指導法と活動を提言する。1800円＋税